Saggi

DACIA MARAINI

Diario degli anni difficili

Con le donne ieri, oggi e domani

a cura di Eugenio Murrali

SOLFERINO

SOLFERINO

www.solferinolibri.it

ISBN 978-88-282-1564-6
Prima edizione: novembre 2024

Tutti i testi raccolti in questo libro sono stati originariamente pubblicati dal «Corriere della Sera» tranne laddove indicato diversamente nelle note a piè di pagina. In alcuni casi sono state apportate piccole modifiche al contenuto o ai titoli per coerenza alla presente veste editoriale.

Diario degli anni difficili

Prefazione
La libertà che ancora manca

Le idee corrono come lepri. Per acciuffarle occorre una rete come quella per prendere le farfalle. Le farfalle sono metamorfiche, le idee pure. Da larve, con uno sforzo naturale, escono dalla sacca materna che le ha nutrite, mettono fuori le piccole ventole ancora fragili e appiccicose. Al primo sole stendono le ali che nel frattempo si sono colorate, e spiccano il volo.

Questo il processo di formazione del nostro pensiero come lo immagino io: da larvale e dipendente a corpo indipendente capace di fendere l'aria e assaggiare la libertà del volo.

Un romanzo ha bisogno di tanto tempo per passare dalla forma larvale a quella compiuta. Ci vogliono mesi, anni per costruire una storia, per entrare dentro un paesaggio, una casa, un corpo, dentro i legami fra i personaggi.

Per scrivere un articolo bastano poche ore. E l'articolo è legato al quotidiano e allo smuovere dei venti che crea l'attualità. Mentre un romanzo si nutre soprattutto di memoria, non solo personale ma storica, l'articolo si nutre del presente, affronta la cronaca, la analizza, la racconta, ne trae fuori nuove considerazioni e nuovi giudizi. Il confronto con la realtà, se preso sul serio e fatto proprio, può risultare doloroso: i dubbi sono tanti e tutti inquietanti.

Per questo scrivo articoli, per cogliere gli umori sociali del momento, cosa che non potrei fare con un romanzo che per sua natura non insegue l'attualità.

I temi, come si leggerà, sono vari, ma la mente che li elabora è la stessa e il passaggio da una situazione all'altra non è casuale: insegue una logica che nasce da una unica esperienza e cerca di intrecciare i fili della ragione con quelli delle emozioni.

Certamente alcuni temi prevalgono su altri. Come quelli che riguardano le donne, da troppi secoli prigioniere di un sistema politico, sociale e culturale tirannico e ingiusto.

Tenute in segregazione, private di libertà e sottomesse, le donne hanno spesso introiettato il loro stato di inadeguatezza arrivando a considerarlo un fatto biologico. Bravissime a fare figli e accudirli, secondo il pensiero comune, ma incapaci di produrre opere d'arte, incapaci di un pensiero sofisticato e indipendente. Anche se ora, soprattutto nei Paesi democratici, le cose stanno cambiando, in giro per il mondo circola ancora l'idea che il corpo femminile sia nato per suscitare il desiderio maschile, poi, una volta fecondato, per fare figli, ma privo di un proprio pensiero e soprattutto privo di una propria autonomia e libertà.

Ma perché le donne hanno dovuto subire un destino di sottomissione e subordinazione?, si chiede qualcuno, come a dire che se sono trattate da inferiori è perché lo sono.

Le ultime teorie antropologiche spiegano, in base a nuovi studi dei disegni sulle pareti delle grotte, che i gruppi umani nomadi vivevano in stato di parità. Gli uomini e le donne partecipavano insieme a tutte le attività di caccia e di raccolta.

Solo con la scoperta dell'agricoltura nascerebbe il concetto di proprietà. La terra non è più uno spazio da conoscere spostandosi tutti insieme, ma un possesso che va curato e difeso. La casa non è più una grotta di passaggio ma una costruzione edificata secondo criteri precisi e stanziale. Dall'origine dell'agricoltura e dalla costruzione delle prime case comincerebbe la divisione dei compiti: alle donne la cura dei figli e dell'abitazione e agli uomini la coltivazione della terra e la difesa del territorio. Divisioni dei compiti e funzioni che sono state raccontate come naturali, volute da un Dio Padre che regnava da solo senza una figura femminile accanto.

Da qui le mie ricerche e le mie riflessioni sulle cause e i motivi della durata di tali abitudini mentali. Ma non si tratta di un saggio, bensì di considerazioni che partono da fatti concreti e reali, con la presentazione di personaggi osservati nella difficile pratica di stare al mondo.

Dacia Maraini

Perché vorrei sapere tutto di quelle donne senza nome

Sono su un treno che corre nella sera. Fuori è buio ma è come se vedessi contro il finestrino nero delle parole che saltano e mi parlano anche se in maniera confusa e disordinata. Le cinesi, le prostitute, le due donne di strada, le immigrate. Che povertà linguistica! Come se non avessero dei nomi anche falsi queste donne uccise, come se non fossero persone che vivono dolorosamente la propria vita. In sordina si può rintracciare un pensiero nascosto: ma vendevano il proprio corpo, cosa potevano aspettarsi?

L'antica formula mentale che esprime così puntualmente un razzismo nascosto e tenace salta fuori fugace: se la sono andata a cercare! La morte per una povera donna che si vende per mantenere dei figli, come ha spiegato a voce una amica della morta, è da mettere nel conto, «cosa c'è da aspettarsi da una che riceve tanti uomini al giorno?». Questo il destino delle parole che spesso dicono senza dire, cariche di pregiudizi e luoghi comuni.

Io vorrei sapere di più sulla vita di queste donne uccise così brutalmente. Invece ora sappiamo tutto sull'assassino ma niente sulle vittime. Vorrei che si riflettesse sulla prostituzione: come è possibile che in tempi di libertà sessuale, ancora tanti uomini sentano il bisogno di comprare qualcosa che non si dovrebbe mai comprare: il piacere, la tenerezza, l'abbraccio fra due corpi?

L'americana Kate Millett ha scritto anni fa un libro per spiegare che il desiderio sessuale non c'entra niente con il sesso comprato, che si tratta di un atto di potere che offre l'illusione dell'onnipotenza. Io ti compro e quindi sei mia, anche se solo per un quarto d'ora, ma in quel quarto d'ora sono simbolicamente il tuo padrone, sono il proprietario di un corpo che prendo e poi lascio a mio piacimento, senza dovermi sentire implicato dal punto di vista psicologico. È la reificazione perfetta. Ed è triste che per sentirsi potente un uomo debba trasformare in merce una persona, manipolarla brevemente e poi andarsene senza dovere esprimere niente, né simpatia, né pietà, né allegria, né partecipazione. Una illusione di libertà erotica che può essere alimentata solo dall'artificio costante della pubblicità del mercato.

Ma cosa spinge un uomo a portare il suo senso di onnipotenza al punto da cancellare quella vita, da infierire su quel corpo che gli ha dato un piacere meccanico e privo di gioia? L'entusiasmo per l'onnipotenza del momento ha avuto bisogno di una conferma nella durata? O è una punizione che, sempre nell'euforia della onnipotenza, porta a compiere il proprio dovere di divinità del male fino al fondo, fino alla feccia dell'abiezione?

Quando Balzac scriveva delle case del piacere, raccontava di un gioco sociale che si ritrovava anche nella ribellione contro il conformismo moralistico della borghesia di allora. Oggi sembra che il gioco si sia trasformato in qualcosa di perverso e lugubre. La cultura del mercato segna perfino i rapporti fra i sessi in cui non entra il denaro, figuriamoci quelli in cui l'acquisto diventa un rituale del piacere.

I moralisti hanno sempre sostenuto che c'è un godimento nel vendersi, una avidità di denaro che si accompagna a un delirio erotico. Ma io credo che non sia vero. Anestetizzare il proprio sesso per accettare l'invasione di sessi altrui non porta nessun piacere. Che poi si creino a volte dei meccanismi di amore e dipendenza non toglie niente alla umiliante e rischiosa pratica femminile della vendita di sé, sia quando è volontaria, sia quando è forzata, come nel caso delle povere ragazze immigrate ridotte semplicemente in schiavitù.

La violenza contro le donne è in crescita ovunque. Con i venti di guerra aumenta lo spirito di battaglia e le nuove pretese di indipendenza e autonomia delle donne suscitano voglie di vendetta.

22 novembre 2022

L'aborto e il potere sulla procreazione

Si parla molto di aborto in questi tempi. A me chiedono spesso cosa ne penso e sebbene l'abbia scritto in un libro, *Un clandestino a bordo* (Rizzoli, 2002), e ribadito a voce e in diversi articoli sul «Corriere», ogni volta che dichiaro il mio pensiero vedo che mi guardano con aria interrogativa e mi chiedono altre spiegazioni. Cerco di essere chiara: io non credo che l'aborto sia una buona soluzione per la donna rimasta incinta che non può o non vuole tenere il figlio appena abbozzato.

Credo che, come tutte le azioni umane, possa e debba essere prevenuta. Si tratta infatti comunque di una violenza sul corpo della donna e su un progetto, anche se larvale, di vita. La sola alternativa all'aborto è la maternità responsabile. E c'è da chiedersi come mai la maternità responsabile, ovvero la possibilità di decidere quando e come avere un figlio, non sia stata possibile per le donne fino a ora. La verità è semplice: il mondo dei Padri ha voluto e preteso la completa libertà di decisione sulla procreazione, da cui dipende il futuro di un Paese. Da qui l'esclusione brutale delle donne da ogni possibilità decisionale.

Importava il potere sulla riproduzione. Ecco come nasce una morale oppressiva basata sulla verginità prematrimoniale, sul tabù sessuale al di fuori del matrimonio, sull'assoluto divieto di ogni forma di anticoncezionale. Conseguenza: le donne, per ottenere un minuscolo potere decisionale, erano costrette a ricorrere all'aborto, che è diventato un modo sotterraneo, crudele e infelice di esercitare una forma di libertà anche se clandestina.

Una libertà da schiavi. A nessuna donna fa piacere abortire

e se lo fa è quasi sempre per un senso di responsabilità verso un figlio che non avrebbe un futuro possibile.

Paradossalmente si potrebbe dire che oggi si pretende l'aborto per non abortire. La prova sta nel fatto che da quando si è fatta una legge sulla interruzione di gravidanza, la pratica dolorosa si è ridotta. Come tante volte nei secoli, le donne stanno battendosi per uscire da una servitù culturale ed è straziante che siano costrette a chiedere qualcosa che non amano e non vogliono ma che per il momento ancora rappresenta un modo disperato di uscire dalla rete di millenarie proibizioni. Le aiuta per fortuna la realtà della sovrappopolazione e quindi il potere assoluto sulla riproduzione non è più un potere ricercato.

30 aprile 2024

Dobbiamo sognare come Arna Mer

Ci sono delle persone che vale la pena di conoscere, anche se solo sulla carta. Arna è una di queste. Chi era Arna Mer? Una israeliana sposata a un palestinese, una donna che per tutta la vita ha sfidato i divieti, gli odi, le bombe, le denunce, ribadendo la sua ebraicità e nello stesso tempo l'amicizia, la solidarietà nei riguardi del popolo palestinese: da Haifa al campo profughi di Jenin e viceversa, tutti i giorni, questo il suo percorso, creando prima una scuola per bambini, «Care and learning», e poi un teatro, «Il teatro della libertà».

Arna è stata chiamata «una coscienza viva e parlante». Ma qualcuno l'ha definita anche «una scheggia impazzita». Il suo comportamento, è chiaro, non poteva piacere ai fanatici. La sua scuola è stata più volte danneggiata. Lei stessa è stata picchiata dai soldati israeliani, come quella volta che, raccontano i testimoni, sbarrò l'ingresso della classe con il suo corpo per impedire ai militari di entrare. Il suo teatro è stato ridotto in macerie e poi ricostruito dal figlio Juliano. «Arabi e israeliani hanno donato materiali da costruzione, sono arrivati volontari da tutte le parti e in meno di un mese è stata creata una sala di 150 metri quadrati» racconta il figlio che oggi è un attore famoso e stimato in Israele. Arna, sfidando il coprifuoco e le paure, invitava docenti di Tel Aviv a parlare di teatro, a insegnare i segreti della fotografia. Sul palco i bambini imparavano a recitare anziché lanciare pietre. «Ogni tanto Juliano arrivava con un minibus, prelevava i membri della compagnia e insieme andavamo a vedere un film a Tel Aviv o al luna park. Era come il viaggio di Alice nel paese delle meraviglie.»

Arna Mer è morta di cancro nel 1995. I bambini chiesero più volte di poterla visitare in ospedale, ma non fu loro permesso, salvo una volta, e fu il giorno prima che morisse. «Questa pace non vale nulla» disse ai bambini «se non si raggiunge la completa uguaglianza fra palestinesi e israeliani.» Il figlio Juliano ha proseguito la sua opera. Anche lui ha fatto la spola fra Haifa e il campo profughi di Jenin, insegnando ai bambini l'arte del teatro, riuscendo a mettere insieme una compagnia teatrale vitale e felice, una oasi nella landa desolata dei vicoli stretti del campo profughi. L'esperienza è durata sette anni. Poi «tutto è andato storto». Tutto ciò che conteneva fratellanza si è trasformato in odio, tutto ciò che conteneva vita si è trasformato in morte e assassinio. «Degli otto attori che si muovevano con felicità sul palco, cinque sono morti. Non sono stati assassinati. Nessuno di loro era ingenuo (non esiste ingenuità nei campi profughi), quasi tutti erano armati. Ma almeno per un certo periodo di tempo hanno sognato in mezzo alle fogne e ai rifiuti. Ora l'edificio del teatro è stato definitivamente distrutto, gli attori scomparsi, lo spettacolo finito.» Quanto c'è di irraggiungibile e quanto di fattibile nel sogno di Arna Mer? Quanto possono andare avanti con l'odio e il sospetto due popoli parenti che dovrebbero imparare a convivere?

30 novembre 2010

La poesia femminile fa paura ai regimi

Cosa ne è delle donne iraniane di cui non si parla più? Continuano a battagliare per i tre diritti umani di cui tutti dovrebbero godere? Libertà di pensiero, di parola, di movimento? Siamo davvero condannati all'eterno presente dimenticando ogni giorno il passato più recente? Le donne in Iran continuano a protestare, a chiedere parità di diritti, e sono identificate, controllate, denunciate e spesso incarcerate nell'indifferenza generale.

«In questa prigione si vende il cielo per comprare cenere.
Ci tagliano le vene e il nostro sangue colora i tulipani.
Ci cuciono le labbra e le foglie sbucano sotto la lingua...»

La poesia continua con grazia e sapienza trasformando le catene in gioielli del pensiero. L'autrice si chiama Mahvash Sabet ed è stata dieci anni in carcere per avere criticato la politica dell'intolleranza, con l'accusa di avere complottato contro il Paese. Uscita dal carcere, ha potuto pubblicare le sue poesie, che sono state amate, tradotte, premiate.

Mesi fa l'hanno denunciata una seconda volta con l'accusa di appartenere a una religione diversa, la Bahài che crede in un solo Dio per tutta l'umanità. E oggi l'hanno condannata ad altri dieci anni di carcere con le stesse accuse. Evidentemente la poesia fa paura ai regimi, soprattutto se a scriverle è una donna.

Nonostante la fretta, correndo dietro alle notizie come corrono le gazzelle inseguite dai lupi, cerchiamo di stare vicino a queste donne che difendono per loro, ma anche per noi, per tutte le donne del mondo, il diritto alla parola e al pensiero autonomo.

Ne hanno bisogno, come noi abbiamo bisogno del loro esempio coraggioso.

5 marzo 2024

Fermare le nozze precoci

«Sono scappata il giorno del mio matrimonio. Sono andata alla stazione di polizia. Mio padre voleva farmi sposare il mandriano che gli tiene le mucche. Voleva ricompensarlo per il suo lavoro. L'uomo era molto giovane, ma aveva già una moglie. Io volevo riprendere gli studi e diventare un'insegnante. Le mie materie preferite sono storia e geografia.»

Questa testimonianza è stata raccolta da Amnesty International e fa parte di una serie di interviste che rilanciano il grave problema delle spose bambine.

«Secondo le stime del Fondo delle Nazioni Unite per la popolazione (Unfpa) al 2015, 13 milioni e 500.000 ragazze ogni anno nel mondo sono costrette a sposarsi prima dei 18 anni con uomini molto più vecchi di loro. Oltre 37.000 bambine ogni giorno si vedono negare l'infanzia, una istruzione, vanno incontro a ripetute gravidanze precoci e sono vittime di violenza domestica.» I Paesi in cui questa pratica è garantita dalla legge sono Burkina Faso, Mali, Niger e Costa d'Avorio. Senza dimenticare il Sud dell'India, il Pakistan, lo Yemen, e i campi rifugio dove la pratica è diffusissima.

La prova che le campagne internazionali hanno un loro effetto sta nel fatto che in Burkina Faso per esempio, dopo una martellante campagna di Amnesty, sorretta dalla stampa internazionale, il governo ha adottato un piano di azione triennale (2016-2018) per prevenire ed eliminare i matrimoni forzati e precoci. «Non sempre le decisioni governative vengono messe in pratica ma è importante che il principio della illiceità venga stabilito» commenta Riccardo Noury, portavoce per l'Italia di Amnesty International.

Molto istruttivo in questo senso è un bel libro lanciato da «Le Monde» e pubblicato in Italia dalla Piemme, dal titolo *Io, Nojoud, dieci anni, divorziata*. È la storia di una bambina di otto anni che viene sposata dai genitori a un uomo di trenta che la tiene segregata e la picchia giornalmente. Nojoud chiede aiuto, grida, ma nessuno l'ascolta. Finché trova il modo di scappare e andare a denunciare il marito in tribunale. Lì subito fanno per riportarla dal marito padrone. Sarà una giovane avvocatessa a salvarla portando il suo caso in tribunale e dandole la possibilità di divorziare.

25 ottobre 2016

Il raptus non c'entra con i femminicidi

Si continua a discutere sul perché dei femminicidi e c'è ancora qualcuno che parla di malati di mente. Ma quando un fenomeno si ripete ogni giorno e in tutto il mondo non si possono attribuire i delitti a dei raptus ma dobbiamo constatare una intenzione generale di riconquista del potere. Si tratta, come ormai risulta chiaro, di una volontà di punizione, diffusa e condivisa, di cui gli esecutori spesso non sono consapevoli. Nel mondo patriarcale è montata una rabbia vendicativa e una voglia di riportare l'ordine nelle famiglie colpendo e punendo le donne che pretendono autonomia e libertà, riconoscimenti professionali e prestigio. Tutte cose che implicano un nuovo potere. Ricordiamo che la conquista di nuovi poteri è sempre stato il detonatore per lo scoppio di guerre fra popoli e fra Stati. Così succede anche all'interno di un Paese fra poteri istituiti e nuove realtà sociali. Si pensi a quello che è costato la conquista della dignità sociale ed economica degli operai contro gli industriali. Si pensi alle rivolte dei contadini contro i feudatari, o le lotte dei democratici contro i proprietari di schiavi e non ultimo gli scontri fra le donne che chiedevano il voto e i governi che lo rifiutavano. Molti, i più saggi e i più generosi, capiscono e si adattano, qualcuno mugugnando, ma l'intelligenza e la comprensione fa loro intendere che non si tratta di una catastrofe identitaria ma di una rinuncia ad alcuni privilegi e ad alcune abitudini millenarie. Altri, i più ignoranti, i più narcisisti, i più spaventati, non riescono ad accettare i cambiamenti e la conseguente perdita di potere. E, presi da terrore, si accaniscono sul corpo ribelle.

L'ultimo caso del giovane che per mesi ha cercato di avvelenare la moglie incinta e poi l'ha uccisa con trentasette coltellate ci fa capire quanto sia drammatica per certi uomini la perdita di poteri e privilegi che considerano naturali ed eterni. Come rimediare? Se concordiamo sulla idea che non si tratta di casi personali ma di una tendenza mondiale dovuta alla paura di perdere una identità virile storica, appartenente per «grazia divina» al genere maschile, non se ne uscirà. La sola cosa possibile è agire sulla cultura, sulle abitudini identitarie, sulle disparità di genere, sulla misoginia linguistica. Tutte cose ancora profondamente radicate. E non sarà facile, perché le radici si estendono in spazi interiori arcani e segreti.

23 gennaio 2024

Il successo usato come un ricatto

Com'è meschina e volgare la polemica sorta in questi giorni intorno ai presentatori della Rai che avrebbero cercato di corrompere delle ragazzine vogliose di lavoro e di successo. Com'è brutale la voce di chi invoca il consenso come giustificazione di tristissimi abusi sessuali. Le ragazze «ci stavano» si dice, «erano anzi loro a cercarli, a incalzarli, a offrirsi impavidamente, senza pudori». E tutti i giorni leggiamo interviste rumorose di chi, con presunzione e vanità, ci parla delle proprie qualità amatorie, della grandezza dei suoi genitali, senza un briciolo di discrezione e nemmeno un poco di senso del ridicolo. Sono convinta che quello che dicono i presentatori sia vero: le ragazze spesso li cercavano, li adulavano, si proponevano e quindi erano, secondo la legge, effettivamente «consenzienti». Ma tutto questo rende la responsabilità professionale e morale di costoro ancora più grave. Il consenso delle ragazze infatti non ha niente a che vedere con il «desiderio», che sarebbe l'unica legittima spinta a un accoppiamento, ma è semplicemente l'assunzione di un codice di comportamento che è stato largamente accettato nella prassi quotidiana del mondo radiotelevisivo nostrano. Ma il fatto che sia stato accettato da tanti non toglie niente alla sua arbitrarietà e gravità morale. Proprio come sogliono lamentarsi i colpevoli di tangentopoli: lo facevano tutti, è il loro ritornello, perciò anch'io rubavo i miliardi. Ma forse che l'estensione del furto può giustificare la gravità del furto stesso?

In quanto alle ragazzine, come non essere consenzienti quando da tutte le parti si fa loro capire che non esistono altre prassi se non quella dello scambio di favori: io ti do la possibilità di un lavoro ben pagato, ti do la possibilità di conquistare successo e indipendenza e tu mi dai il tuo corpo.

Le ragazze poi si muovono con goffaggine in un mondo di furbi di quattro cotte che conoscono tutti i trucchi del mestiere. Il linguaggio delle aspiranti dive è semplice: non conoscono altro modo di affermare la propria personalità che quella di agghindarsi secondo i codici della seduzione e offrirsi.

È stato detto in tutte le salse che le donne possono ottenere quello che vogliono solo usando il proprio corpo e loro applicano alla lettera questo semplice insegnamento. Insegnamento che fra l'altro è bene accetto da tutti, perfino da chi lo avversa, perché si tratta di un codice semplice, con radici antiche e perfettamente consono alla cultura dei padri. La pubblicità, la moda, il divismo cosa insegnano se non questo appunto: il linguaggio della seduzione femminile (che avviene sempre e solo attraverso l'uso di un corpo da consumare) è omogeneo e complementare alla «naturale» predazione maschile. Non è colpa delle ragazze se non conoscono altro codice o altro linguaggio. È la povertà della nostra cultura tecnologica-spettacolare la colpevole di tutto questo: chi non partecipa viene minacciato di invisibilità; chi è fuori dal quadro sarà fuori dalla vita, perciò quel pigia pigia indecoroso. Chi non appare in televisione, si può dubitare in realtà che non esista affatto.

Queste ragazze in fondo non credono al proprio futuro, non credono di poter utilizzare le loro capacità professionali, il loro intelletto, le loro passioni, come sarebbe giusto. Queste ragazze si disprezzano e sono pronte a buttarsi via per poco. Il peggior male che è stato fatto loro è proprio questo: avere distrutto in loro ogni fiducia in sé come persone complete e complesse, averle rese, a furia di promesse televisive, corpi arresi alla sola legge brutale della domanda e dell'offerta.

Ed è gravissimo, per chi occupa posti di prestigio, per chi può decidere del destino di molti, approfittare di questa disperazione giovanile, di questo silenzioso deprezzamento di sé. Non importa che legalmente sia innocente, che se ne torni a casa, ma certamente il suo futuro professionale dovrebbe essere seriamente compromesso.

31 luglio 1996

Il nostro aiuto alle donne afghane

Mi scrive Lucy Ferriss dal Trinity College di Hartford, nel Connecticut, per raccontare quello che stanno facendo lei e una decina di professori per le donne afghane. Si collegano privatamente con le ragazze relegate in casa a cui è impedito di frequentare la scuola, tenendo da remoto lezioni di matematica, di medicina, di ingegneria, secondo le richieste che vengono da quel popolo disgraziato in cui le donne sono state escluse dall'apprendimento. A me sembra una idea molto bella. La libertà di collegarsi a internet non è stata per fortuna interdetta, anche perché tutto il sistema di commercio del Paese si basa sui collegamenti con l'estero e non si può controllare casa per casa come i computer privati, di proprietà maschile, poi vengano usati dalle sorelle, dalle madri e dalle figlie per studiare clandestinamente. Verrebbe da chiedersi il perché di tanta punitiva esclusione. Cosa può esserci di così pericoloso nell'apprendimento? La risposta sta nelle nuove leggi dei talebani: frustate pubbliche, processi e prigione per le ragazze che mostrano di volere mettere il naso nei libri. Nella mente degli intolleranti talebani l'istruzione, l'apprendimento, la conoscenza, sono formatori di coscienza e il regime teme come la peste ogni tipologia di coscienza civile e pubblica. Lucy Ferriss e i suoi professori lavorano gratuitamente, chiedono un aiuto in denaro, anche minimo, per chi vuole dare una mano alle ragazze afghane private del diritto di formazione. La risposta, come racconta Lucy, è stata talmente ampia e capillare che credo meriti attenzione. Le donne vogliono studiare, capire, emanciparsi da uno stato di analfabetismo e buio mentale. Lucy aggiunge la copia di una bellissima lettera che li ha raggiunti da Kabul in cui una ragazza che ha partecipato alla prima tornata di studi via internet ringrazia: «So che siete volontari e vi sono grata, ma vi prego non fermatevi. Abbiamo bisogno del vostro aiuto. Finora nessuno mi ha aiutato salvo voi. Grazie». Io mi associo alla richiesta di Lucy. Per favore, aiutate le donne afghane!

18 luglio 2023

Esaltare la vita: la scelta di Michela

Ero in viaggio e senza giornali. Mentre mi preparavo per andare a dialogare con gli studenti di una scuola ascoltavo su Radio 3 la bella trasmissione *Prima Pagina* che aggiorna sulle notizie del giorno. Ed ecco che il giornalista Simone Canettieri legge una lunga e sorprendente intervista fatta da Aldo Cazzullo a Michela Murgia. Mi sono venute le lacrime agli occhi quando ho sentito che Michela ha dichiarato di avere solo pochi mesi di vita.

Conoscevo il suo coraggio e la sua forza, ma pur sapendo che era malata non pensavo che fosse in procinto di andarsene. Eppure, continuando nell'ascolto non sono stata presa dall'angoscia ma mi sono sentita sollevata e come incoraggiata dalla sua energia intellettuale, dalla sua razionalità mordente, dalla bellezza solare delle sue parole. Sono d'accordo con Paolo Crepet che sulla «Stampa» ha definito rivoluzionarie le parole di Michela. Tante volte l'ho scritto anch'io: creare come centro e punto di riferimento della rivoluzione cristiana un uomo morente in croce, non ha fatto bene alla nostra cultura. Non parlo dell'oggi, tempo di postilluminismo, ma dei lunghi secoli di totalitarismo religioso in cui si è insistito sulla morte dolorosa come l'unico atto sacro della esistenza umana. Non a caso i mistici ma soprattutto le mistiche, per dimostrare il proprio amore per Gesù, si imponevano di morire di fame. La morte come espiazione di una vita comunque colpevole è stata per troppo tempo la base di un pensiero condiviso.

Non a caso cito spesso il bellissimo libro di Laura Mancinelli *Il miracolo di santa Odilia*: una giovane donna viene chiusa in convento perché diventi santa a furia di sacrifici e mortificazioni, ma Odilia capisce che la umiliazione del corpo è solo inutile rifiuto della vita e diventa santa senza neanche volerlo esaltando la gioia di vivere, l'amicizia, la sensualità e facendo fiorire le rose in pieno inverno, sotto la neve. La novità delle parole di Michela sta nella sua scelta di esaltare la vita che sta dentro la morte. E lo testimonia con la decisione di sposarsi. Racconta la sua malattia con distacco razionale, da vera erede di Voltaire o di Beccaria, ma nello stesso tempo celebra la vita, quella che ha conosciuto e speso, intensa, gioiosa, e quella che, anche dopo la morte, continuerà a parlare di lei e della bellezza del mondo che, se pur minacciato, è sempre pronto a comunicarci emozioni sorprendenti.

9 maggio 2023

L'importanza di raccontare

A Radio 3, nel bel programma *Tutta la città ne parla*, si è discusso sull'orripilante femminicidio riguardante la povera Giulia Tramontano uccisa col suo bambino in grembo. Una voce femminile diceva che non bisogna parlare di mostri, perché questi uomini che uccidono sono normali, fanno parte di una cultura che non considera le donne come persone, ma come proprietà di cui si può disporre. Un cane, un gatto si possono fare fuori e senza che nessuno venga a indagare. È la mia donna, sono io a decidere, cosa pretende una legge astratta, che non mi riguarda? Più o meno è questo il ragionamento. La voce insiste che si tratta soprattutto di una cultura di base, ancora molto resistente in un Paese che si pretende democratico ma in realtà ha antiche e possenti radici da cui non vuole staccarsi. L'amore per costoro è visto come presa di possesso dell'altra. Infatti quasi sempre, l'uomo presapiens uccide quando la donna che considera sua mostra segni di autonomia.

Un'altra voce alla radio ha denunciato lo sfruttamento mediatico. Secondo lei sarebbe meglio parlare di donne che escono dal servaggio per dare esempi positivi e non sempre di donne torturate e uccise. Qui però non sono d'accordo. Perché raccontare le violenze sulle donne, naturalmente in modo non morboso, aiuta a creare coscienza, fa capire quanto sia pericoloso non denunciare, non tenere le distanze da chi si mostra possessivo in maniera maniacale e morbosa. È vero, da quanto mi dicono, che sui social molti approfittano di queste occasioni per versare valanghe di fango sulle donne. Ma non identificherei i social con l'Italia intera. Ormai tutti hanno capito che si tratta di uno sfogatoio anonimo e meschino da prendere con le molle.

Una terza voce ha sostenuto che indirizzare tutte le raccomandazioni alle donne: non uscire, non fidarti di chi ti schiaffeggia una volta, tieni le distanze da chi ti insulta eccetera, è un modo di condizionare il comportamento femminile, mentre da vincolare, e anche urgentemente, cominciando dalle scuole, sarebbe quello maschile. Siamo d'accordo, ma teniamo presente che le donne spesso sono sole, plagiate, divise fra il bisogno di mantenere unita la famiglia e la voglia di ribellarsi all'interno di una comunità che spesso le condanna a priori. Perciò insistiamo sulla necessità di raccontare, di fare sapere senza vergogna quello che succede in molte famiglie italiane e denunciare prima che sia troppo tardi.

6 giugno 2023

Violenza sessuale, legge da cambiare

Una legge che stabilisce un limite di sei mesi per denunciare una violenza sessuale è una legge ingiusta. Basta studiare la cronaca per capire che si tratta di un regolamento da rifare. Da cosa nasce questo limite? Probabilmente dal timore che qualcuno possa approfittare di una memoria lontana, non provabile, per eseguire una vendetta. Capisco la preoccupazione ma qualsiasi legge può essere utilizzata per fini impropri. Il fatto è che la memoria di un abuso sessuale è talmente dolorosa e umiliante, che ferma spesso le vittime. La cronaca ci dice che la violenza contro i più deboli può diventare un trauma. Certo bisogna distinguere fra molestia e violenza sessuale. Uno stupro ha ben altro peso di una mano sul sedere, eppure le due cose sono legate da una abitudine culturale all'abuso. Ma perché le donne non reagiscono correndo a denunciare l'abusatore? Qui entra in gioco la strategia del predatore che è più sottile di quanto si pensi. Chi vuole dominare e approfittare sviluppa un'abilità a volte prestigiosa, fatta di raggiri, di recite teatrali, di dolcezze inattese per ottenere ciò che lo salverà da ogni denuncia: trasformare l'abusato in complice. E di solito ci riesce, utilizzando un'astuta strategia: convincere l'abusata che in fondo è stata lei a volere la violenza. Penso a quei ragazzi dei collegi religiosi che si sono tenuti dentro l'esperienza della prepotenza traumatica per quindici, venti anni, finché non sono riusciti a capire che la vittima, anche quando non denuncia ma subisce passivamente la violenza e accetta la regola del silenzio, non ha colpe.

È solo una persona chiusa dentro una trappola, come una

mosca nella rete di un ragno sapiente che lo uccide lentamente. Ho fatto l'esempio degli abusati maschi perché la gente è più pronta a capire, mentre contro le giovani donne che non denunciano subito si alzano le grida degli untori. Eppure, pensateci, nessuno, di fronte a una rapina, chiede alla vittima se è stata complice, se ha provato piacere. Invece, di fronte a uno stupro, l'argomento principe è proprio questo: hai goduto? sei stato partecipe? Insomma siamo ancora di fronte al vecchio brutale detto romano «Vis grata puellae», ovvero «la forza piace alle vergini». Comunque il molestatore di solito è un uomo narcisista, ma anche fragile e bisognoso di ribadire e rafforzare la propria autorità umiliando il più debole. Il sesso c'entra poco o niente. Non è l'eros che guida questi uomini, ma il bisogno di ferire, assoggettare l'altro, che li rende sicuri di fronte a se stessi.

5 dicembre 2017

Le bandiere che dividono

Difficile ragionare quando l'argomento si trasforma in bandiera. Tu che bandiera tieni in mano? Se non è la mia, sei un nemico. Ecco i termini della discussione sulla maternità surrogata. È chiaro che se la si vede dal lato economico, diventa un commercio inquietante e discutibile. Ma se la si vede dal lato degli affetti e dei diritti le cose cambiano. Proibire per legge un desiderio così diffuso non può che creare malumori e danni sociali. Inoltre è grave, da parte di chi tiene alta una bandiera, sostenere che sono solo le coppie omosessuali a desiderare un figlio. La maggioranza delle richieste viene da coppie eterosessuali che spesso sono mortificate dall'incapacità di generare per la sterilità sempre crescente – dovuta forse alla tossicità dei nostri nutrimenti e dell'aria che respiriamo – del seme maschile. Da questo si capisce che la colpevolizzazione degli omosessuali è un pretesto per alzare quella famosa bandierina. Proviamo poi ad affrontare la questione senza pregiudizi e senza fanatismi. Siamo consapevoli che sempre più coppie sposate sono in cerca di una gravidanza per procura o di un seme da donatore? Chi lo nega o non conosce la realtà del Paese o non vuole conoscerla. La scarsa quantità di gravidanze non è sempre dovuta a egoismo e disamore, ma a un aumento diffuso della sterilità. Affrontare i problemi dovrebbe essere il compito di chi governa, non negarli. Come possiamo rendere più prolifico un Paese che tende alla vecchiaia? Non con leggi restrittive, ma per esempio rendendo più semplice l'iter dell'adozione, decidendo che la gravidanza per conto terzi non debba essere pagata. E come? Per esempio incoraggiando un rapporto di genitorialità plurale che immetta la madre naturale nel cerchio della famiglia. Sono tutte ipotesi, neanch'io ho la risposta certa. Sarebbe importante parlarne.

È certo che il bambino o la bambina hanno bisogno di amore e accudimento. Quei pochi casi che conosco di figli di maternità surrogate, li vedo crescere in una atmosfera di amore non minore, anzi maggiore proprio perché diversa e nuova, dalle famiglie cosiddette naturali. Ci siamo accorti che la famiglia in generale è in crisi? Che il malessere dei figli che crescono in atmosfere di violenza e abuso è in costante aumento? Non è un caso che gli psichiatri siano pieni di casi di ragazzi psicotici, e ricordiamo la diffusione crescente del femminicidio.

21 marzo 2023

Stupro: gli arcaici luoghi comuni

Qualche considerazione sullo stupro di cui si parla tanto in questi giorni. L'idea che la donna stuprata debba dimostrare che non c'è stato consenso è aberrante. Se io denuncio che sono stata rapinata, nessuno pensa che sia stata consenziente. Ma lo stupro è una rapina. E non ha niente a che vedere con il desiderio sessuale. Lo stupro in natura non esiste. È una azione inventata dall'uomo per umiliare il nemico. Infatti, è sempre stato usato come un'arma di guerra. Il nemico si uccideva, la donna considerata proprietà del nemico la si stuprava. Ed era un atto di affermazione della propria identità, qualcosa di molto profondo e oltraggiante. Era prima di tutto la dissacrazione del luogo sacro della nascita: lì dove il corpo femminile dà alla luce una nuova vita. Inoltre è il segno di una odiosa insinuazione del vincitore nell'intimità del vinto. Non solo ti sconfiggo, non solo invado i tuoi territori, la tua città, la tua casa, ma introduco nel ventre della tua donna il mio seme, in modo che il futuro sia condizionato dalla mia identità di vincitore e non dalla tua di vinto.

Se si capisce questo pensiero invasivo e di brutale affermazione identitaria diventa evidente che lo stupro non si misura sulle ecchimosi e sul sanguinamento, ma che ha il potere di agire in profondità nella psiche femminile rendendola nemica di se stessa. La donna stuprata, sapendo di essere stata usata dal nemico per una invasione di identità, si sentirà in colpa, anche se non saprà neanche pensarlo o dirlo, ma per antica consuetudine si consegnerà alla convinzione di avere accettato una cocente umiliazione per sé e per il genere che rappresenta.

Solo la donna che ragiona su ciò che ha subito, solo la donna che matura una consapevolezza del profondo significato simbolico dello stupro potrà uscirne equilibrata. Ma di solito si tratta di ragazze molto giovani che non hanno riflettuto sulle strategie storiche che riguardano il corpo femminile e soccombono al disastro interno voluto dallo stupratore. A ciò si può rimediare con la denuncia. La donna che denuncia sa di andare incontro a un sacco di guai, proprio perché dovrà dimostrare di non essere stata consenziente, cosa difficile vista la mancanza di testimoni e anche per le abitudini mentali dei giudici e dei suoi contemporanei che metteranno la sua parola alla stregua di quella dello stupratore.

Voglio ricordare il famoso caso di Artemisia Gentileschi, stuprata dall'assistente di suo padre. Lei che era una artista e una donna di pensiero, ha avuto il coraggio di denunciare lo stupratore, e per questo in tribunale ha dovuto subire umiliazioni massacranti che avrebbero scoraggiato qualsiasi altra donna. Ma lei ha resistito alle torture fisiche (lo schiacciamento delle dita, le visite ginecologiche pubbliche) pur di affermare la sua verità. Lui non è stato torturato perché si presumeva che avesse il diritto di rivendicare la sua verità (ovvero che lei era consenziente e quindi lui innocente), mentre lei ha dovuto resistere a disgustose torture per dimostrare che non mentiva.

Questa è una storia di stupro che purtroppo possiamo ritrovare, a parte le torture, ancora negli usi attuali. Le due voci vengono messe sullo stesso piano: lui che afferma il consenso di lei e lei che deve dimostrare il suo dissenso.

Se non prendiamo le distanze da questi arcaici luoghi comuni non usciremo mai dalla pratica di un gesto odioso e colpevole.

Certo, può capitare che una donna si vendichi per qualche ragione e accusi ingiustamente un uomo, ma di solito lo si capisce subito per il linguaggio che usa e per le prove che porta. Mentre una donna veramente stuprata non ha prove da esibire e dubita soprattutto di sé.

Comunque la grande quantità di stupri di questo periodo sta lì a dimostrare che molti giovani si sentono in guerra con le loro coetanee, che le considerano pericolosamente autonome e libere, e ritengono che vadano punite. Ti inchiodo alla tua fragilità, ti dimostro che la tua volontà non conta nulla e introduco la mia determinazione nel tuo ventre in modo che tu sappia che sei e sarai sempre inferiore. Sembra strano che proprio dei giovani si prestino a questa pratica sadica e violenta. Ma ricordiamo che la storia a volte fa degli strani giri e le conquiste che sembravano lì per sempre, possono perdere di valore, per il propagarsi di paure profonde, sconosciute e ogni volta rinnovate. Come stupirci se poi le donne non denunciano subito la violenza? Ci vuole molto coraggio per uscire da una mentalità diffusa. Per questo credo che dobbiamo ringraziare la giovane ragazza che ha trovato il coraggio di denunciare chi l'ha ferita, e le diciamo che noi non aspetteremo l'ultima sentenza (che uscirà magari fra anni) per dirle che siamo con lei e con la sua verità.

12 luglio 2023

Gli odiatori del web scelgono i più deboli

Secondo il dossier realizzato dall'Osservatorio Vox con quattro università delle più importanti città italiane, risulta che l'odio, gli insulti e le aggressioni verbali sulla rete stanno aumentando. E, cosa più grave, le vittime di questi odiatori tecnologici, spesso vigliaccamente anonimi, sono prima di tutto le donne, poi vengono i disabili, poi gli omosessuali e infine gli ebrei. Difficile interpretare questi dati. La reazione di una persona sensata è di sorpresa. Perché gli aggressori seriali non se la prendono con i potenti della terra, con i più ricchi che sfruttano i più poveri, con chi invade, comanda, approfitta, ruba, abusa, delinque? No, i grandi moralisti da tastiera vedono come nemico chi è fisicamente diverso, soprattutto se più debole. I cosiddetti haters insomma non badano ai comportamenti, alle azioni, ai pensieri o alle parole di chi attaccano, ma aggrediscono per partito preso chi considerano diverso da loro. Questo, mi dispiace dirlo, è puro razzismo. Non è solo Lombroso che credeva esistessero persone portate biologicamente alla perversione, al delitto, alla asocialità (bastava misurare l'altezza della fronte, la profondità delle orbite, lo spessore delle labbra, la forma dei capelli), cose che oggi consideriamo risibili, ma con lui, anche se in modo diverso, oggi assistiamo al ritorno di una catalogazione basata sul linguaggio del corpo. Un linguaggio che risponde a valori di superiorità, normalità e anomalia che sfociavano nel disprezzo, nel rifiuto e nel bisogno di eliminare il diverso. Insomma gli spregiatori dei social non se la prendono con le donne quando maltrattano i bambini, ma hanno da ridire sul fatto che siano diverse e in quanto tali rimproverabili. Così come non ingiuriano i disabili perché secondo gli egoisti fanno spendere soldi alla comunità ma per il fatto che sono fragili e quindi inferiori, da scartare. Lo stesso vale per gli ebrei.

Non è rintracciabile un ragionamento razionale, per quanto perverso e malevolo, dietro le offese moralistiche degli assalitori verbali. Si potrebbe perfino dire che sotto tanto livore, brutalità ci sia una terribile e irrazionale voglia di suicidio. Il male che fanno agli altri infatti in realtà lo fanno a se stessi coltivando in sé il vuoto, lo spreco, l'abulia di un animo incapace di amare.

24 gennaio 2023

Una malattia dello spirito

Se credessi alle stelle direi che stiamo passando un periodo in cui ci osservano dal cielo con antipatia e si divertono a metterci nei guai. Amici cari si sono ammalati di cancro, un amico è andato a suicidarsi in Svizzera, tantissimi, anche giovani, girano col tutore al ginocchio improvvisamente uscito di senno, a mia volta, mi sono rotta il polso e ho preso una tale botta cadendo sulle pietre che cammino zoppicando. Solo a Pescasseroli, paese abruzzese di 2000 abitanti, si contano in questi giorni otto braccia rotte.

Ma non ci sono soltanto gambe e braccia spezzate. La notizia di quel ragazzo che ha ucciso a coltellate una giovane donna che correva di sera, senza una ragione comprensibile mi fa pensare che qualcosa si sia spaccata anche nel cuore e nella testa di molte persone che non riescono più a vedere nell'altro un essere umano.

Le notizie degli eccidi di Gaza e i genocidi in Ucraina ci confermano la presenza di una malattia dello spirito che sembra stia contagiando il mondo come una pandemia.

Al tempo del Dio biblico avremmo parlato di una punizione esemplare, un diluvio universale che cacci dalla terra i troppi uomini che hanno perso il senso delle cose. Ma il Dio della Bibbia era severissimo e non faceva distinzioni. Di fronte alle malefatte umane non si tratteneva dal fare affogare nel mare da lui creato tutti gli esseri umani, anche i bambini innocenti. Salvava solo un uomo, Noè, dichiarando «È venuta per me la fine di ogni uomo perché la terra, per causa loro è diventata carica di odio e di violenza... ecco io li distruggerò questi uomini assieme alla terra».

Ma probabilmente non si tratta né di stelle maligne né di un Dio offeso e vendicativo, ma di un momento di paura e di confusione che porta alla voglia disperata di autodistruzione. Quasi una ricerca di senso nell'affogare tutti insieme dentro un mare rabbioso e letale. Io non posso che sperare che il nuovo Noè sia una persona caritatevole e, assieme agli animali, decida di salvare sull'Arca tante persone sincere e oneste che amano la vita e non provano odio.

3 settembre 2024

I segnali del linguaggio che non vanno ignorati

«Non abbiamo dovuto aspettare l'ultima campagna presidenziale americana e Trump per vedere irrompere nel linguaggio politico questo concentrato di odio e sessismo, spesso in combinazione con il razzismo e l'omofobia» scrive Chiara Saraceno.

Il linguaggio è un segno, come il paletto che indica il livello dell'acqua che monta. Oltre un certo punto c'è l'allagamento e la rovina per la città. L'insulto e la denigrazione dell'avversario stanno invadendo il linguaggio comune come acque mefitiche che salgono dalle discariche sotterranee e minacciano la sicurezza psicologica della comunità. Il fatto che si insultino pubblicamente le donne (vedi il caso De Luca-Bindi e le ingiurie che circolano ogni giorno più fitte in rete contro qualsiasi donna che agisca o si metta in mostra) significa che le si considerano nemiche, avversarie da additare al disprezzo pubblico. «Quando si considera qualcuno inferiore o non legittimato a essere dove è, il passo verso l'aggressione è breve,» continua Chiara Saraceno «per questo si tratta di un atteggiamento inaccettabile e da fermare sempre, tanto più da parte dei politici in quanto responsabili della costruzione del discorso pubblico.»

La storia del maestro che viene picchiato dai genitori del ragazzo che l'insegnante ha messo fuori della porta perché disturbava, indica il poco conto in cui questa società tiene la scuola. Nello stesso modo la continua diffamazione delle donne che parlano in pubblico e dimostrano di avere un pensiero proprio, indica l'insofferenza e il rifiuto diffuso verso l'autonomia e professionalità femminili. I genitori iperprotettivi che se la prendono con l'insegnante che applica un minimo di disciplina in favore della sicurezza e della pace della classe e la facilità con cui alcuni uomini deboli e ossessionati dal possesso insultano e denigrano le proprie donne, sono la punta di un iceberg che sta crescendo sotto il livello del comportamento sociale. E, come sappiamo da antiche prassi tipiche dei fascismi di tutti i tempi, dal linguaggio alla pratica il passo è breve. Dal dileggio alla purga, dalla purga al manganello. Attenzione, perché il linguaggio ci sta dando segnali gravi e pericolosi per il nostro futuro di pace e di costruttività. Il disprezzo e l'odio portano rancore e rivolta. Vogliamo davvero fare precipitare il nostro Paese nel caos di una guerra di tutti contro tutti?

22 novembre 2016

Una grande e teatrale debolezza

Vedere una giovane donna con le caviglie incatenate, le mani legate a una corda tenuta in mano da una guardia carceraria come farebbe la padrona di un cane, fa davvero impressione. Dal punto di vista del linguaggio mediatico è una bomba. Ilaria Salis è accusata di avere aggredito e picchiato due, anzi tre neonazisti. Non si capisce se il fatto che siano nazisti abbia peggiorato la pena. Non bastava dire che ha aggredito e picchiato tre uomini? Ma come li ha picchiati, con le mani nude o con un bastone o con una clava? Comunque guardando la esile figura della ragazza restiamo di stucco alla notizia che abbia messo knockout due o addirittura tre giovani nazisti. E loro, non hanno reagito? Eppure la storia ci racconta che i nazisti sono persone tutte di un pezzo, che credono nella forza e nella repressione attraverso la forza. Famosi i picchiatori che andavano in giro per le Case del popolo a bastonare gli operai che per loro natura erano poco inclini al nazismo.

Ma evidentemente nella rissa di cui si parla questa femmina diabolica ha tirato fuori delle forze sconosciute. Non sarà per caso una strega, animata dal demonio?

La esibizione delle catene e dei lucchetti ma soprattutto del guinzaglio è evidentemente un linguaggio che va al di là della legge e della pena. I giudici e i carcerieri sembrano volerci dire, anzi gridare che nel loro Paese non si scherza.

Che i neonazisti non si toccano, che lo Stato sa punire a dovere coloro che chiedono democrazia e più libertà.

Perciò signori, guardate e prendete nota: i neonazisti sono le vittime e gli studenti, anzi le studentesse che pretendono di manifestare contro le ingiustizie e gli abusi, addirittura menando le mani, sono i veri carnefici.

Ma alla fine possiamo dirlo? Tutta questa dimostrazione clamorosa di forza e di severità ci comunica la penosa impressione di una grande teatrale debolezza.

2 aprile 2024

La libertà femminile che spaventa

Dispiace sotto le feste tornare a parlare di fatti incresciosi, ma la realtà bussa alla porta e non possiamo non cercare di farla parlare e capire. In pochi giorni ci sono stati cinque femminicidi. Non era ancora passata la memoria straziante della ragazza incinta trucidata a coltellate dal compagno, che veniamo a sapere di altre giovani assassinate con accetta e coltello.

Secondo i dati del Viminale ogni mese vengono uccise otto donne «in ambito familiare e affettivo». Ultima vittima una ragazza di 17 anni, il cui corpo martoriato è stato gettato in un cassonetto nel quartiere di Primavalle, a Roma. Sempre secondo i dati del Viminale i femminicidi sono in aumento, mentre gli altri delitti sono in diminuzione. Come mai? Nessuno sa dare una risposta. Proviamo a ragionare: queste donne, di solito giovani, non vengono uccise per ragioni economiche, rivalità mafiose, droga, ma vengono massacrate per mano del marito o del fidanzato con cui hanno convissuto e spesso hanno avuto dei figli. Non sono delinquenti, ma mariti, compagni, padri che spesso si autodenunciano e cercano di suicidarsi dopo il delitto. Tutto ciò fa pensare che questi crimini affondino le radici in una questione di identità oltraggiata. Se un uomo riconosce la propria virilità nel possesso di una donna a lui asservita, al primo accenno di autonomia entra in una crisi e non capisce più niente. Pur sapendo che perderà la libertà e i figli avuti da lei, niente sembra potere fermare la furia di un uomo che vede minacciata la propria identità. Ma perché i femminicidi aumentano? Per me è chiaro: perché aumentano l'autonomia e la libertà delle donne, cosa che per certi uomini spaventati costituisce una ferita talmente profonda che può essere alleviata solo con il sangue. Molti non si accontentano di uccidere, strangolare, accoltellare il corpo che dicono di amare, ma lo fanno a pezzi, lo gettano via chiuso in un sacco dell'immondizia. È evidente che si tratta di una profonda crisi esistenziale. Chi crede di avere un diritto naturale alla supremazia di genere, non tollera di esserne privato. Si tratta di un potere profondo e identitario: il potere sacro di riconoscere il proprio io di genere.

Sentimento animalesco, preistorico e razzista. Che andrebbe emendato prima di tutto con l'educazione e la cultura. Ma siamo ancora troppo immersi nel patriarcato per trovare un bandolo razionale alla questione.

1° agosto 2023

Tornano le gonne

Incredibile e inquietante la sveltezza con cui la maggioranza delle donne si sta adeguando a una femminilizzazione nostalgica degli abiti e dei comportamenti. Tornano le gonne, eleganti, svolazzanti, che mandano al bando i pantaloni troppo maschili. Tornano i capelli lunghi, a boccoli che cadono sulle guance, tipo madonna gentile e passiva. Tornano i tacchi altissimi, il rossetto acceso e le unghie lunghe e colorate. Tornano tutte le astuzie convenzionali della seduzione filiale verso i grandi padri del cielo sociale.

So che subito mi si obietterà: ma come, non vedi che le donne stanno occupando posti di potere e sono sempre più autorevoli? Lo so, ma proprio per questo la moda, che è l'espressione dell'autorità più arcaica e profonda, impone o meglio suggerisce subdolamente un ritorno alla femminilità tradizionale: dove va a finire la famiglia se la donna lavora come l'uomo e lascia incustodita la casa e i figli? Che autorità può avere un essere il cui corpo parla al posto del cervello? Le eccezioni sono ammesse, purché la privilegiata si comporti secondo la logica del potere maschile. Dall'altra parte i giovanissimi in crisi sentono il bisogno di riaffermare la loro supremazia virile con gesti di eclatante bullismo. Trump, che esprime il peggio del tempo che viviamo, non a caso ottiene successo con un nuovo atteggiamento di disprezzo nei riguardi del mondo femminile: che le donne siano seducenti, che facciano figli e tacciano, non sono adatte a riflettere e decidere. Tornano gli stregoni, gli indovini, i fanatici del mistero e dell'oscurità della coscienza; i nemici della ragione e della scienza, coloro che acclamano l'uomo solo al potere, capace di rimettere al loro posto le donne più disobbedienti e gli uomini critici. L'emancipazione dei costumi infatti fa parte della logica democratica, quella dei diritti civili che in questo momento vengono visti dai più come un vecchio sogno romantico. L'emancipazione femminile in particolare ha creato molte paure nel mondo dei Padri. Di fronte alla crisi dei valori tradizionali i conservatori reagiscono coi modi astuti della moda e non della costrizione come avviene nei Paesi totalitari, per riportare l'ordine nel rapporto fra i sessi. Tornano in voga le teorie delle differenze fisiologiche dei generi che creano competenze e capacità diverse, irreversibili. Questa è l'aria che tira. Per fortuna ci sono molte e molti che reagiscono. La ragione non si fa uccidere così facilmente.

6 agosto 2024

Perché la befana divenne così brutta

Il 6 gennaio si celebra la befana, ma perché si festeggia questa brutta strega dal naso bitorzoluto e la bocca ghignante? Se si va a consultare la storia antica si scopre che il 6 gennaio si onorava la nascita del nuovo sole, secondo usanze che riguardavano il dio indiano e persiano Mitra, e si riteneva che delle benefiche divinità femminili, poi chiamate ninfe dai romani, volassero sui campi per augurare un buon raccolto. Ma come è successo che giovani e leggiadre ninfe si siano trasformate in orribili megere? Qui viene fuori la misoginia del fanatismo monoteista che, volendosi distinguere dal culto della dea Diana, a cui erano legate le ninfe, le trasformarono in vecchie deformi che volavano sì, ma sulle scope come uccellacci del cattivo augurio. La scopa era anticamente il simbolo della pulizia, con la scopa si eliminavano dalla casa i resti dell'anno passato. Ma nel delirio misogino la scopa diventa uno strumento diabolico di fuga dalla famiglia e dalla religione.

Incredibile come la paura del femminile trasformi la gioventù e la libertà in peccato e vergogna. Per la punitiva immaginazione della Santa Inquisizione le donne che praticavano le antiche cure mediche, considerate arti magiche, montavano di notte sulle scope unte di grasso, e volavano al sabba dove si accoppiavano col diavolo. Per questo venivano denunciate, torturate e poi bruciate vive. Ancora oggi in molte parti d'Italia si usa accendere un grande falò la notte dell'Epifania. E in alcuni paesi di montagna la befana viene portata in giro legata per poi essere bruciata. Per fortuna non si tratta più di donne vive, ma di fantocci che ricordano la triste usanza del sacrificio femminile, durata secoli. Ma quante furono le streghe (e stregoni come il grande filosofo Giordano Bruno) bruciate vive? Le cifre esatte non le sa nessuno perché i libri che tenevano i conti sono stati distrutti. C'è chi parla di milioni, chi di centinaia di migliaia.

Qualunque fosse il numero, rimane l'orrore di un sadismo punitivo che certamente Cristo non avrebbe approvato. Il triste uso è cominciato negli anni della scoperta dell'America e della scissione di Lutero, ovvero il periodo della nascita dell'umanesimo, e rappresenta chiaramente una reazione alle nuove idee sulla persona non più vista solo come suddito e schiavo di un proprietario di terra e succube di una dittatura ecclesiale ma come un possibile cittadino responsabile e degno di libertà.

10 gennaio 2023

L’accordo che serve tra culture e popoli

Nessuno si chiede il perché del velo obbligatorio per le donne. I relativisti pensano che sia una questione religiosa, una tradizione antichissima. La risposta è semplice: la copertura del corpo e della testa delle donne viene richiesta per non suscitare il desiderio maschile. Il che è abbastanza grottesco. È come ammettere che gli uomini sono incapaci di governare il proprio eros. Ma perché è considerato tanto pericoloso l’eros maschile suscitato dal corpo femminile? Forse il fatto che il sesso suggerisce libertà eversive? Agli uomini, che si presuppongono debolissimi e irresponsabili, è concessa una certa libertà sessuale, ma che avvenga nel campo dell’amore mercenario o predatorio. Fuori da quel campo lo si considera pericoloso perché il desiderio può trasformarsi in amore e l’amore è un sentimento ingovernabile e quindi da tenere strettamente sotto controllo. Le donne iraniane lo sanno bene e per questo si tagliano i capelli che, come scriveva san Paolo, sono un oggetto di seduzione rovinosa per il mondo maschile. I capelli delle donne suscitano voglie peccaminose che portano disordine e caos. Con queste idee insensate che esprimono un primitivo totalitarismo patriarcale sono state uccise Mahsa Amini e Hadith Najafi. La sola consolazione sta nelle immagini che spesso riempiono i nostri teleschermi: donne che si tagliano i capelli in strada, che si strappano il velo e urlano la loro indignazione.

Per tutti coloro che hanno sempre sostenuto il rispetto verso le usanze dei popoli, anche quando smentiscono ogni diritto umano; per tutti coloro che accusano di volere imporre i valori occidentali a chi non li capisce, queste sacrosante manifestazioni sono un monito. Certo, se pretendiamo che i nostri valori siano quelli cristiani che riguardano solo i Paesi occidentali, ci troveremo a fare la guerra culturale con le altre religioni, ma se partiamo dall'idea che esistono dei valori universali che nessuno può ignorare, possiamo trovare l'accordo fra le culture e i popoli. Esiste già una carta dei diritti universali, ma sembra che non valga la pena di battersi per difenderli. Ricordiamo che i diritti fondamentali partono da una idea sacrale della persona umana, che non può essere uccisa, abusata, torturata, umiliata e maltrattata. E in senso positivo che abbia il diritto alla vita, alla libertà individuale, all'autodeterminazione, a una esistenza dignitosa, alla libertà religiosa, alla libertà di pensiero, di parola e di movimento.

4 ottobre 2022

Se la democrazia è un fatto di genere

«Ho 28 anni e vorrei fare un figlio ma non posso. Mi hanno detto che se rimango incinta mi licenziano.» Questa è una delle testimonianze vive del convegno «Genere e globalizzazione» che si è tenuto a Genova il 25 e il 26 giugno. Due giornate intensissime organizzate dalla rivista «Marea», guidate da Monica Lanfranco e Laura Guidetti.

La mattina si parla di globalizzazione e corpo delle donne. «Quando una donna rivendica diritti universali diventa nemica del suo popolo» racconta l'irachena Houzan Mahmoud. «Nessuno è più contrario alle leggi della Sharia di chi le vive sulla propria pelle» incalza l'algerina Soad Baba Aissa. «Si invoca la libera scelta, ma veramente possiamo considerare libera la scelta di morire sul rogo del marito o di portare il velo totale?» si chiede l'indiana Gita Sahgal. «Molti vogliono recuperare i valori tradizionali, il ritorno alle radici: la purezza delle donne, il matrimonio infantile, la punizione delle adultere. Ma nessuno di loro rinuncia al cellulare, all'automobile, all'aria condizionata.» «La resistenza contro il totalitarismo religioso avviene spesso attraverso una fitta rete di donne, in un sussurrio sotterraneo. E rischiano la vita. Ma nessuno le ringrazierà quando i dittatori saranno stati cacciati.»

Nella pausa di mezzogiorno appaiono, tutte vestite di rosso, le ragazze della Omsa che protestano per la perdita del posto di lavoro. «La nostra fabbrica non era in perdita ma i dirigenti hanno trovato più conveniente trasportarla all'estero. Siamo sicuri che questa continua perdita di lavoro alla fine non impoverisca tutto il Paese, nonostante l'apparente immediato risparmio?» Commovente il loro muoversi all'unisono al suono di un fischietto tirannico, i movimenti che imitano i gesti della fabbrica, lo stendersi per terra imitando la morte per inedia.

Nel pomeriggio arrivano le grandi madri della politica al femminile: Lidia Menapace, Luisa Morgantini, Susanna Camusso. E sono le giovanissime a interrogarle, guidate dalla combattiva Lorella Zanardo. Dalle loro domande si capisce che il lavoro non è solo possibilità di guadagno, ma qualcosa di molto più profondo che tocca l'autostima e il rapporto col mondo. Il lavoro è identità, esperienza. Certo, anche fatica, ma traccia un legame che fa crescere e desiderare. Senza lavoro il mondo appassisce, il futuro si torce su se stesso trasformandosi in un eterno presente senza senso. Viviamo ancora nel mito della classe operaia. La novità forse va cercata anche fuori dalle istituzioni politiche, nei movimenti dei precari. «Abbiamo sviluppato un io eccessivo,» dice Lidia Menapace «bisognerebbe ricostruire una coscienza collettiva.» Ricreare consigli di zona? I partiti di sinistra sono rimasti indietro. Non si fidano dei movimenti e vanno incontro alla sclerosi. Il concetto del Pil andrebbe rivisto. Forse è da cambiare tutto il sistema basato sulla crescita incontrollata e indefinita. Probabilmente il futuro sta altrove, in un sordo gorgoglio che sale dalla rete e ha la forza di smuovere il mondo. Chi ha orecchi per ascoltare?

12 luglio 2011

Il coraggio immenso delle donne iraniane

Le donne sono portate per natura alla pace e agli affetti? È una domanda a cui molti rispondono di sì, ma a me pone qualche dubbio. È morta Elena Gianini Belotti, una donna dal pensiero originale, che aveva lavorato per anni al centro nascite della Montessori e aveva visto come, anche nelle migliori condizioni, una idea di distinzione dei ruoli sia determinante per la crescita e l'educazione dei piccoli della terra. Non sono gli ormoni, insomma a stabilire i compiti e le tendenze di un sesso ma è l'idea formativa che una società si designa. Fino ai tre anni, racconta Elena, i bambini si comportano nello stesso modo, dividendosi fra allegria, aggressività, tenerezze. Poi cominciano le pressioni per creare i generi: ai bambini si insegna come dirigere la propria aggressività verso i nemici e il mondo; alle bambine si insegna a rivolgere la propria aggressività contro se stesse. E se proprio vogliono ottenere attenzione e considerazione dovranno puntare sulla seduzione. È così che cominciano le discriminazioni, le competenze, che poi verranno considerate dagli stessi interessati come parte di un destino naturale. Risultato: oggi come oggi, sempre, ripeto, per ragioni storiche e geopolitiche, scopriamo che il mondo maschile dominante non riesce a immaginare un futuro di coesistenza che non sia basato su competizione, scontro, guerra e vittoria del più potente. Eppure gli scienziati ci stanno dicendo che questo sistema patriarcale, una volta glorioso e progressivo, ha preso una strada sbagliata che sta portando il mondo all'autodistruzione. Purtroppo la voce delle donne, che hanno imparato a sublimare e ragionare, suscita parecchio fastidio, perché chiede un cambiamento totale di rotta, basato sul rispetto dell'altro, sul controllo dell'aggressività, sui diritti civili, sulla creazione di ponti anziché di fossati e muri divisori. Da qui la paura dei Padri dominanti di perdere il controllo e la conseguente frenesia di punizione che si sta spargendo per tutto il mondo. Vogliamo fermarci un attimo a riflettere e riconoscere che in questo momento le ragazze iraniane ci stanno dando un esempio straordinario di coraggio e idealismo? Ci stanno dicendo che il mondo patriarcale, con la sua mania di onnipotenza, è entrato in una fase di confusione. Che se si vuole uscirne bisogna cambiare passo imparando a sublimare e dare ascolto alla creatività anziché alla smania di distruzione.

27 dicembre 2022

Ballo e ombelico

Interrompere ogni tanto una lezione per mettersi a ballare non mi sembra una cattiva idea. Soprattutto in questi tempi di mascherine e immobilità davanti ai computer. Siamo tutti stanchi e con la schiena irrigidita dai doveri che la pandemia ci sta imponendo.

Capisco però chi si è preoccupato, come è successo al liceo Righi di Roma, quando una ragazzina ingenua e piena di voglia di vivere si è messa a ballare in classe. Un atto innocente su cui non ci sarebbe niente da dire se non si fosse venuti a sapere che quel ballo era registrato e indirizzato a dei frequentatori della rete.

Quando si balla, lo si dovrebbe fare per il piacere del ballo e non col fine di mandare le proprie immagini a un pubblico che ne farà materia di commercio. Spesso chi si mostra sulla rete non si rende conto che ormai tutto ha un prezzo e qualsiasi innocente esibizione viene utilizzata per propagandare prodotti vari.

Ma sembra che il ballo non sia tanto in questione, quanto il modo di vestire della scolara. La docente, rimproverandola, ha usato un termine spregiativo mostrando un moralismo che giustamente i ragazzi rifiutano. Ma vorrei ricordare a quelle ragazze che gli abiti non esprimono affatto libertà, ma consenso a scelte che non vengono decise da noi. Spesso mi sorprendo a vedere con quanta facilità le persone (di tutte le età purtroppo) acconsentano ai capricci della moda che cambia inseguendo interessi precisi. Un anno si usano le scarpe a punta che fanno male ai piedi? Tutti si buttano a comprarle. Un altro anno vanno i jeans stracciati, coi buchi sulle ginocchia? Si corre a comprarli anche se costano più di quelli sani. Un altro anno ancora si usano i tatuaggi apprezzatissimi dai calciatori? Chi non si precipita a farsi imbrattare la pelle con l'inchiostro all'anilina è considerato un antiquato moralista. Ora per esempio non vanno più i piumini tanto comodi perché leggeri e caldi e vediamo apparire nelle vetrine dei cappottini smilzi, fatti di lana povera, colorati o a quadrettoni. E noi li indossiamo sicuri che si tratti di una nostra nuovissima idea.

Tutto questo per dire: facciamo attenzione quando parliamo di libertà, perché mentre ci consideriamo autonomi ed emancipati nel mettere in mostra l'ombelico o nel tagliarci i capelli alla Kim Jong-Un, ci sono delle aziende che gongolano per essere riuscite a imporre le loro scelte costose. Non ho niente contro le mode, le trovo divertenti e a volte teatrali. Ma pensare che seguirle sia un atto di libertà è un falso ideologico.

Terza ragione per cui il ballo in classe risulta fuori luogo: gli spazi in cui ci muoviamo hanno una loro identità simbolica che non si può trascurare. Non si va in chiesa in costume da bagno, non si va a teatro in tuta da ginnastica, non si va in Parlamento in calzoncini corti e infradito, così non si dovrebbe andare a scuola come si va in discoteca. Ogni luogo ha la sua sacralità da rispettare e la scuola più di altri luoghi va onorata proprio perché da decenni è stata dissacrata e va riportata alla sua dignità di centro comunitario del pensiero, della conoscenza e della democrazia.

18 febbraio 2022

Un film misogino che nuoce alle donne

Andando al cinema in auto, per vedere *Gone Girl*, ascolto alla radio le notizie del giorno: un'italiana, Gaia Molinari, massacrata su una spiaggia brasiliana; Chiara Insidioso, una giovane di Ostia, si risveglia dal coma dopo undici mesi: il fidanzato l'aveva quasi uccisa a botte; Maria D'Antonio, ammazzata a coltellate dall'ex marito, sotto gli occhi della figlia di 8 anni.

Il cinema è affollatissimo. Sullo schermo, una bravissima Rosamund Pike rivela al pubblico di cosa siano capaci le donne nei rapporti di coppia. Amy scopre che il marito la tradisce, decide di vendicarsi e sparisce lasciando tracce sospette che risalgono al marito. Ma una giovane bella donna che scompare fa notizia, e la tv comincia a occuparsene. Tutti, compresa la polizia, credono che sia stato il marito a farla fuori ed è quello che vuole Amy: un processo per l'uomo e una condanna a morte. Intanto se la spassa in un motel, dove però la derubano di tutti i soldi. A questo punto decide di rivolgersi al suo ex innamorato, che viene a prenderla, felice di poterla finalmente amare in pace. Amy si fa ospitare, lo seduce e poi, nel pieno di un orgasmo, lo sgozza con un taglierino. E quindi, zuppa di sangue, ferita e dolente, si presenta al marito, ripresa da cento tv. Racconta alla polizia di avere ucciso l'uomo che la teneva prigioniera e la violentava quotidianamente, e ripete che vuole tornare a vivere felicemente col suo amato Nick.

Il film di David Fincher fa acqua da tutte le parti dal punto di vista psicologico. Non si capisce cosa voglia questa donna psicotica, criminale, pronta a uccidere chi non sta al suo volere, e perché prima sia così decisa a vendicarsi e poi invece si mostri innamorata del marito. Si capisce comunque che è un film a tesi, come il famoso *Basic Instinct* che ha lanciato Sharon Stone, dimostrando che la violenza sta tutta dalla parte della donna. Perché Lui magari è debole e ama il sesso extraconiugale, ma la vera crudeltà sta nella mente e nel cuore di Lei. La quale, appunto, come in *Basic Instinct*, non è solo Amy, ma tutte le donne che pretendono di essere libere e vogliono comandare. Morale: il sesso femminile è pericoloso e incontrollabile. L'istinto base della donna che ama avidamente è il delitto: la mantide religiosa che divora il maschio dopo la copula. E poi si strofina le mani, soddisfatta.

In un momento così difficile per le donne, non era proprio il caso di lanciare un film elegante e benissimo recitato, ma profondamente arcaico e misogino.

30 dicembre 2014

La persistente mentalità feudale

Abbiamo tutti letto l'orrendo fatto di cronaca di Caivano: un giovane uomo, furioso perché la sorella Maria Paola si è innamorata di un trans, la sperona mentre va in moto con un'altra moto e la manda fuori strada, uccidendola sul colpo.

Questo disgustoso fatto di cronaca ci fa capire quanto il nostro Paese sia costituito da sacche di valori e comportamenti differenti. Da una parte i nuovi diritti dei cittadini, la parità fra i sessi, la fine di una famiglia basata sull'autorità paterna, le libertà conquistate dalle donne; dall'altra le radici profonde di una mentalità feudale, con la famiglia intesa come un clan in cui la persona non conta niente rispetto al bene (interpretato come fedeltà a una mentalità da Medioevo contadino) del gruppo a cui appartiene. Pensavamo che fossero rimasugli di un remoto costume storico ormai scomparso e invece ecco che lo vediamo rizzarsi come un fantasma, a farci capire che questa visione aberrante perché antistorica sia più estesa di quanto pensavamo. Le cose che ci sorprendono sono prima di tutto la giovane età del fratello difensore dell'antico senso dell'onore di famiglia. E per secondo la reazione dei genitori di Maria Paola che difendono il figlio sostenendo che non voleva uccidere la sorella ma solo spaventarla.

Non una parola sulla legittimità di quell'amore, sul rispetto che merita ogni sentimento sincero quando non nuoce agli altri. Le parole più sagge sono venute dalla famiglia del ragazzo transgender che ha parlato di comprensione e rispetto per le scelte sessuali dei figli. Questa è la rappresentazione delle due

Italie che si confrontano, un confronto che chiede sangue e morte. E le donne sono quelle che ne fanno le spese. La cultura del possesso, dell'odio verso il diverso, della famiglia come congrega chiusa in cui la libertà personale è sacrificata all'interesse del ceppo originario è ancora lì a ritardare ogni progresso civile e umano.

Credevamo di esserci liberati dalla vecchia mentalità legata alla proprietà della terra e all'onore inteso come bandiera di autorità, ma in tempi di pandemia, di paure collettive e di autoritarismi che avanzano, ci rendiamo conto che i vecchi valori si stanno rinforzando e chi una volta taceva vergognoso, oggi si sente in diritto di rivendicare antiche certezze vessatorie e antilibertarie.

15 settembre 2020

Le radici arcaiche del femminicidio

Christian Leonardi ha confessato dopo mesi di inganni e bugie, dopo avere accusato l'ospedale di malasanità e i medici di incompetenza, di avere ucciso la moglie infermiera, Eligia Ardita, incinta di otto mesi, con una pietra e poi a furia di botte. Salvatore Savalli, 39 anni, è stato condannato per avere colpito la moglie Maria Anastasi al nono mese di gravidanza con un piccone e poi averla bruciata mentre era ancora viva. Mattia di Teodoro, di 33 anni, uccide la ex moglie Michela Noli di Firenze con decine di coltellate e poi si suicida.

Una lista che lascia attoniti. Cosa suscita tanta violenza nel cuore di un giovane uomo che pretende di amare la donna che si è scelto? Cosa trasforma un marito in un aguzzino e poi in un assassino? Lo schema è quasi sempre lo stesso: un uomo e una donna si innamorano, decidono di andare a vivere insieme, fanno anche dei figli. Poi, dopo qualche anno, l'uomo avverte che la sua autorità maritale non gli concede più quei privilegi a cui credeva di avere diritto: vorrebbe prendersi un'amante senza però perdere la compagnia e i servizi di una moglie quieta e acconsenziente. Comunque vorrebbe comandare senza essere messo in discussione. Ma lei non è di questo avviso e invece di accettare, comincia a pretendere i suoi diritti. Lui sente di perdere terreno, diventa geloso, prepotente, rabbioso, pensa di risolvere le cose facendo il manesco con la donna che secondo lui non sta alle regole di un rituale patto di coppia. Lei di conseguenza prende a staccarsi, e spesso alla fine decide di andare via. A questo punto lui entra in crisi e preferisce ammazzarla piuttosto che perderla, ovvero lasciarsi sfuggire una proprietà che non è più sancita dalla legge. Non si tratta di natura, come molti pensano: l'uomo aggressivo perché cacciatore, l'uomo guerresco per natura eccetera, ma di cultura. L'abitudine arcaica al possesso (ti amo e quindi sei mia) tocca le corde più profonde e induce a efferatezze mai viste quando queste certezze vengono messe in discussione dalle nuove libertà femminili.

E dire che ci consideriamo cristiani! Ma il possesso della persona è schiavitù e cosa c'entra la schiavitù con l'amore per l'altro? Semmai si tratta di una arcaica legge della sopraffazione a cui certi uomini deboli, impauriti, si abbarbicano terrorizzati. Quella antica legge che è stata valida per millenni, per cui la giustizia si esplica con la vendetta e l'amore si esprime col possesso e l'annullamento della libertà dell'altro.

4 aprile 2017

Elogio del talento e della competenza

L'Italia in questo momento ha bisogno di qualità, di competenza, di meritocrazia. Il contrario dell'appiattimento verso il basso, di «uno vale uno». L'importante è che l'accesso agli studi, alla ricerca, alla qualità, sia acconsentito a tutti, questa è la democrazia. Purtroppo però l'equivoco è passato. Si vuole fare credere che l'uguaglianza stia nel punire chi si solleva sugli altri per competenza e capacità. È vero che la nostra società è ammalata della mortificante prassi dei favoritismi, delle parentele e delle conoscenze privilegiate. Ma non se ne esce abbassando il livello della preparazione e punendo chi emerge o chi dimostra qualità eccelse e conoscenze approfondite. Ricordo le discussioni di quando abbiamo aperto un teatro diretto da sole donne, per contrastare l'antica abitudine di allontanare il corpo femminile dal teatro: i greci, i latini, gli inglesi del secolo di Shakespeare non ammettevano le donne sul palco e perciò noi volevamo dare la possibilità al talento femminile di esprimersi.

Ma il problema è sorto subito: dare spazio a tutte, anche a chi non aveva né talento né qualcosa in proprio da dire? All'inizio abbiamo deciso che il palcoscenico era aperto a tutte. Ma ci ha pensato il pubblico a fare la differenza: alcune opere comunicavano, altre no. Il teatro si svuotava. Che fare? La decisione, difficile per un astratto senso della giustizia, ma proficua per il progetto comune, è stata quella di dare la possibilità a ogni talento di svilupparsi, facendo però convergere le energie su chi riusciva a comunicare meglio col pubblico. Alcune non accettavano i vantaggi del talento, li consideravano solo privilegi. Ma la natura è ingiusta: perché una nasce con una bella voce da soprano e l'altra no? Per le ideologhe, l'uguaglianza significava mettere sullo stesso piano ogni donna, rinunciando al giudizio di valore. Ma questo umiliava le migliori che finivano per andarsene. Privilegiare, coltivare, valorizzare il talento (anche solo di un bravo ciabattino per non parlare del bravo chirurgo, del bravo cantante, del bravo amministratore) è un dovere di tutto il Paese. Invece internet, questo falso luogo di uguaglianza dove chiunque si sente in diritto di sputare sulle qualità dell'altro, non fa che stimolare le frustrazioni, l'odio verso il migliore, la voglia di vendetta e di distruzione. Il Paese però così non progredisce, ma si trasforma solo in una arena rissosa.

8 gennaio 2019

Il velo indossato come una bandiera

Il Cairo. Giornate calde di sole e di tensione emotiva. Le città protestano contro la islamizzazione crescente. Mentre la provincia si lascia ricattare: o stai con il tuo Paese e la tua religione che costituiscono la tua vera identità, oppure ti metti contro e diventi un traditore, perduto per la patria e la comunità.

Eppure molti intellettuali qui dicono che qualcosa è cambiato e in meglio. La libertà di parola è una nuova conquista, anche se continuamente minacciata. Sonallah Ibrahim, che ha scritto tanti bei libri, di cui uno, *Warda*, tradotto anche da noi, mi dice che in questo momento tutto è possibile perché tutto sta cambiando, ma chi vuole fermare il tempo è ancora molto potente. Salwa Bakr, una scrittrice impegnata, mi racconta che, sebbene sembrino soggiacere al velo, le donne egiziane sono molto attive e partecipi. Anche se troppi ancora continuano a pensare che, se le donne costruiscono la vita, sono gli uomini i soli a potere costruire il mondo.

L'Italia sta cercando di dare una mano per un cambiamento democratico. L'ambasciatore Maurizio Massari ha tenuto in questi giorni un Forum fra giornalisti italiani e politici egiziani di cui stanno parlando i quotidiani. Il direttore dell'Istituto di cultura, Dante Marianacci, si fa in quattro, aiutato da una bravissima interprete, Naglà Wali, e da uno studioso dei beduini, Paolo Vanino, con la solidarietà del console di Alessandria, italo-levantino, per creare occasioni di scambio culturale fra un Paese e l'altro. La risposta è buona, ma i mezzi sono sempre più scarsi.

I Fratelli Musulmani sono certamente i più organizzati sul territorio e sanno come denunciare la corruzione della politica tradizionale e come ricattare con la fedeltà al Corano. Ma il risultato di una politica dai toni populistici, ripiegata su se stessa e contraria alla globalizzazione, è una crisi economica disastrosa e un turismo in coma. La cosa curiosa è, come dicono molte insegnanti dell'università (Roberta Bonalume di Alessandria per esempio), che le giovani donne oggi indossano il velo quasi fosse una bandiera. «La nostra è una protesta contro la mercificazione del corpo femminile» mi dice una ragazza che ha studiato in Italia. E certamente la sua denuncia dell'uso mercantile del corpo delle donne non cade nel vuoto. Ciononostante fa impressione incrociare le tante giovani fantasma che camminano dietro a un marito sbracciato, in maglietta, mentre loro son completamente coperte di nero, perfino le mani che portano guantate.

Eppure sia Il Cairo sia Alessandria sono città piene di fermenti e di iniziative, dove persone di diversa religione e diversa lingua si incontrano e si scambiano opinioni e costruiscono progetti comuni. La biblioteca alessandrina, completamente ricostruita, ospita in continuazione incontri fra scrittori, poeti, studenti di tutto il mondo.

Riuscirà questo grande e bellissimo Paese ad accettare la modernità, rinunciando all'idea che le libertà di pensiero e di parola siano strumenti demoniaci del colonialismo e il corpo della donna una cosa da occultare e dominare?

11 giugno 2013

Una crisi etica che può sfociare in una guerra

Una donna tenuta chiusa in un cassone per le mele per mesi e poi abbandonata in strada, una ragazzina drogata e seviziata da due energumeni. La cronaca ci carica ogni giorno di notizie terribili. Molti si chiedono il perché di tanta violenza contro le donne e la risposta è: viviamo il degrado di una cultura che ha perso il senso della responsabilità, una cultura in cui ciascuno fa quello che crede senza mai riflettere sulle conseguenze. Certamente è vero che stiamo scivolando in una crisi etica che, se non stiamo attenti, finirà in qualche guerra atroce. Così succede nella storia quando gli esseri umani perdono il senso della convivenza, che si chiama civiltà. Al degrado culturale ed etico che sta sommergendo come uno tsunami il mondo intero, però, aggiungerei una reazione tutta maschile alle nuove conquiste delle donne. Chi stupra non se ne rende conto, ma si sta vendicando contro qualcosa che trova intollerabile: l'offesa a una idea arcaica di virilità. Purtroppo si tratta di un sentimento diffuso che ha radici nel razzismo, se per razzismo intendiamo la paura e l'insofferenza nei riguardi del diverso.

Il sentimento è naturale, animalesco, ma noi ci pretendiamo differenti, superiori e migliori rispetto agli animali, noi ci diciamo figli di Dio, fratelli di un Cristo che ha detto «Ama il prossimo come te stesso». Come tutti i razzismi, anche quello contro le donne nasce da una idea costruita di identità, dal bisogno di mostrare la propria forza proprio quando ci si sente deboli e sopraffatti. Per molti uomini l'autonomia sessuale delle donne risulta intollerabile: la sentono come un attentato alla loro identità. La cultura, anche quella religiosa, ha inventato la colpevolezza delle donne e l'ha spesso teorizzata. Da qui il sentimento di liceità di certi comportamenti che alla coscienza obnubilata appaiono legittimi: «Io colpevole? ma neanche per sogno, l'ha voluto lei!». Troppo spesso le violenze suonano come punizioni per le nuove libertà femminili: anche quelle semplici di uscire la notte, di bere, di ballare, di decidere con chi amoreggiare. Per gli uomini saggi (ce ne sono ancora molti per fortuna) i cambiamenti sociali possono essere dolorosi, ma vanno accettati. Per i più deboli e spaventati, i cambiamenti sono visti solo come minacce e cercano rivalsa. Ma la cosa più grave è che fra chi dovrebbe dare il buon esempio c'è qualcuno che soffia sul fuoco delle paure e crea una atmosfera di scontro grave e pericolosa.

4 settembre 2018

Il solito linguaggio della seduzione imposta

Che si debba difendere la minigonna per garantire la libertà delle donne mi sembra a dir poco azzardato. Certo, se si censura la minigonna per adeguarsi alla paura bigotta del corpo femminile, viva la minigonna! Ma quello che mi preoccupa è che l'autonomia femminile si misuri sull'altezza delle sottane.

Tempo fa una bambina di una scuola elementare mi ha chiesto candidamente: perché in televisione gli uomini sono tutti vestiti e le donne mezze nude? Non hanno caldo quegli uomini e freddo quelle donne, eppure stanno nella stessa stanza! Una logica ingenua ma calzante, che mostra quanto sia irrazionale e poco libera la scelta dell'abito. Con questo non voglio affermare che le donne debbano andare vestite con gonne lunghe e velo in testa. Ma vorrei ricordare che il vestito dovrebbe convenire prima di tutto alla persona che lo indossa.

Certe nudità ostentate sono il rovescio perfetto della copertura totale del corpo femminile. Tutte e due le scelte partono dall'idea che il corpo della donna debba adeguarsi all'occhio maschile, preoccupandosi che possa turbarlo o meno. Nelle società più repressive si pretende che eviti ogni tentazione, in quelle che si presumono emancipate, si chiede al contrario che renda pubblica la sua funzione tentatrice. Tutti e due comunque partono dal presupposto che il corpo femminile parli una lingua che non contiene intelligenza, autonomia, personalità e volontà propria, ma accetti un codice convenzionale che allude, simboleggia, sottintende un richiamo sessuale.

Lo stesso codice della pubblicità che propone un corpo ammiccante per vendere un'automobile, una birra chiamata «La bionda», o una arancia chiamata «Rosaria» eccetera. Il vero linguaggio della seduzione è fatto d'altro, è complesso e va in profondità. Può anche passare per i colori, la moda, l'esposizione di parti del corpo, ma fuori dagli stereotipi e dai modelli preconfezionati. Le ragazze di oggi, quando vogliono stare a proprio agio, usano pantaloni e camicie comode. Quando invece capiscono che devono seguire la norma della seduzione, ricorrono all'ammicco provocatorio, cadendo spesso nella trappola del consumo che espone, richiama, allude, promette e nega. Il che rivela prima di tutto una profonda sfiducia, da parte delle donne stesse, nell'espressione più complessa della persona, fatta di voce, sguardo, intelligenza, pensiero, parola.

5 aprile 2016

La paura della sessualità femminile

Chi prende il potere si preoccupa, per prima cosa, di stabilire un controllo sulla morte e sulla vita. Il potere sulla morte riguarda le guerre e quindi le armi, la giustizia, le prigioni e di conseguenza le leggi. Il potere sulla vita passa per il ventre delle donne. Si è inventato di tutto per tenere sotto controllo la sessualità femminile: dal mito della verginità alla demonizzazione del piacere, dall'esaltazione della maternità alla proibizione di ogni controllo delle nascite esercitato in proprio. Nel tempo però chi governa si è accorto che è più facile controllare gli eserciti che non il ventre femminile. Per domare e regolare la natalità, non si poteva fare a meno di domare e regolare il pensiero delle donne, ovvero la loro capacità di giudizio, la loro pretesa di autodeterminazione. Per questo i grandi poteri hanno sempre scoraggiato, se non decisamente proibito, ogni forma di studio delle giovani donne. E direi che oggi, su questa linea macabra e arcaica, si pongono perfettamente le scelte feroci del fanatismo islamico contro le ragazze che studiano (vedi caso Malala) o contro le donne che esprimono pubblicamente il proprio pensiero (vedi il caso della giornalista siriana Raqia Hassan, uccisa a Raqqa per avere criticato l'Isis). I fanatici tagliagole hanno addirittura decretato la immediata abolizione dello studio della filosofia e della matematica nelle scuole, pena la morte. E tanto per chiarire che fanno sul serio, hanno decapitato cinque insegnanti che non volevano ubbidire. Le religioni monoteiste sono quelle che hanno dimostrato più timore e disprezzo nei riguardi della sessualità femminile. Pensiamo al nostro simbolo femminile più amato e diffuso: Maria, la madre di Cristo, che, pur avendo partorito, non ha conosciuto sesso. Il mistero della ossessione sessuofobica della Chiesa Cattolica è ancora da spiegare. La sessualità femminile è stata considerata talmente pericolosa da superare il timore delle mafie, delle rivolte popolari, della fame e della mancanza di lavoro. Due esempi letterari che hanno descritto perfettamente questo fenomeno sono: *La lupa* di Verga e *La figlia di Iorio* di D'Annunzio che raccontano, con molta precisione e intelligenza simbolica, come una comunità provinciale decida di difendersi dalla libertà sessuale femminile, prima denigrando e isolando la donna e poi uccidendola, per distruggere con lei ogni velleità di autonomia.

12 gennaio 2016

Lucia, Siracusa anno 280 d.C.

Le donne erano allora le più appassionate nell'abbracciare la fede cristiana e le più coraggiose nel difenderla. Fra i martiri si contano a migliaia. In una cultura che considerava la schiavitù e l'inferiorità delle donne come un dato di fatto, l'idea che ogni persona, schiavo, negro o donna, fosse dotata di una anima cara a Dio, era qualcosa che esaltava lo spirito e l'orgoglio femminile.

Cerchiamo di immaginare la giovane Lucia, figlia di una ricca famiglia di commercianti romani, in quel di Siracusa, nel 280 dopo Cristo. Una ragazzina magra e vivace, dai capelli nerissimi, gli occhi intelligenti e luminosi. La vediamo attraversare le strade strette della città mentre va a cercare le medicine per sua madre. Il padre è morto quando era piccola e ora vive sola con Eutichia, che soffre di emorragie e non riesce a trovare la giusta medicina. Lucia entra in una botteguccia spingendo una porta fatta di canne intrecciate. Il negoziante che vende di tutto, dall'olio per le lampade ai pettini per cardare la lana, dal miele di montagna alla malva per i decotti, la riceve appollaiato su un alto sgabello.

Lucia ha sentito dire che l'uomo ha buoni rapporti con le guardie della città e cerca di parlare il meno possibile. Ma non può fare a meno di rispondere alle sue domande incalzanti: «Come sta sua madre?» «A che ora si alza la mattina?» «Cosa mangia?» «Dorme la notte?» «Accende i lumi e prega gli dei come ordina il prefetto Pascasio in nome dell'imperatore Diocleziano?».

Lucia risponde con dei sì e con dei no, gentilmente ma senza dargli confidenza. Vede gli occhi dell'uomo soffermarsi sospettosi e curiosi sulle sue piccole mani di ragazza, sulla sua limpida faccia che non riesce a mentire. Probabilmente sospetta.

Eutichia infatti ha una brutta fama in città: si dice che sia stata traviata dai cristiani e che in segreto preghi Gesù, l'uomo che è stato crocifisso dai romani, considerato dal prefetto Pascasio un fuorilegge e un nemico della romanità.

Sarà proprio lui, lo speziale, a denunciare Lucia alle autorità, per segreta appartenenza al culto del Dio cristiano. Perché l'ha fatto? Difficile dirlo.

Forse aveva chiesto qualcosa alla ragazza, e di fronte a un netto rifiuto, si è voluto vendicare, come suggeriscono alcuni. Oppure semplicemente era un romano convinto che la sicurezza del suo Paese e del suo popolo stesse nel combattere questa nuova pericolosa religione monoteista. E vedeva in ogni persona un sospetto di eresia. O forse nel fondo della sua buia bottega, il giovane uomo dalla testa calva e gli occhi bovini, cercava una rivincita di fronte ai signori che secondo lui scialavano a Siracusa.

Lucia non apparteneva a una delle famiglie più agiate della città? Gli dava fastidio che fosse così sobria nel vestire, così chiusa e sicura di sé, pareva proprio che covasse un segreto e lui pensava di sapere di che segreto si trattasse: un segreto pericoloso per Siracusa e per i romani. Alcuni cronisti raccontano il dialogo che ebbe un giorno Lucia con la madre. Eutichia era una donna colta, intelligente e determinata. Era stata lei a introdurre la figlia nel mondo della fede cristiana. E la piccola Lucia aveva appreso da lei a pregare di nascosto, ad ascoltare con avidità le parole del Vangelo. Sembra che di fronte alle lamentele di Eutichia che continuava, nonostante tutte le medicine, a soffrire di emorragie, la figlia le abbia proposto di gettare via tutti quegli intrugli e rivolgersi a santa Agata che dicevano fosse capace di parlare con Gesù. Il figlio di Dio non aveva guarito una donna che soffriva della sua stessa malattia? Così madre e figlia erano andate di nascosto a pregare sulla tomba di sant'Agata, chiedendo la grazia per Eutichia. E sant'Agata le aveva esaudite.

Ma prima aveva parlato. Nella grotta stillante d'acqua si era sentita la sua voce segreta che si rivolgeva alla piccola Lucia: «perché chiedi a me di parlare con Cristo? Tu puoi rivolgerti a lui direttamente: la tua modestia e la tua fede ti portano a lui. Chiedigli la grazia e lui ti accontenterà. Anzi ti dico che, come io oggi proteggo la città di Catania, tu un giorno proteggerai la città di Siracusa». E così infatti fu. Eutichia guarì dalle sue emorragie.

11 dicembre 2012

Il vile castigo del fuoco

Il racconto è sempre lo stesso: ecco un uomo e una donna che una volta si sono amati. Poi lui diventa geloso della autonomia di lei, sospetta inganni, tradimenti, mentre lui magari la raggira allegramente, ma non tollera che lo faccia lei. Soprattutto non tollera di essere lasciato. Ma cosa esplode nella testa di questi uomini deboli che si attaccano disperati alla loro proprietà? Non si tratta di amore infatti, per quanto ne parlino molto, ma di dominio. La dannazione di una cultura che identifica la virilità col possesso. Se il possesso cede, la virilità va in frantumi e l'uomo entra in crisi, al punto di trasformarsi in un assassino.

Il fuoco poi è simbolicamente e atrocemente segno di una punizione catartica. Il fuoco purifica, il fuoco cancella, il fuoco annulla. Si brucia ciò che non può essere distrutto in altro modo. Si bruciano i corpi morti, si bruciano i resti ingombranti. Spesso viene chiamato a testimoniare della propria volontà di punizione un dio feroce e vendicativo: il dio della fiamma, quel dio che voleva le streghe al rogo. I capelli lunghi venivano cosparsi di pece perché si accendessero subito crepitando allegramente ed esplodessero in strisce lucide e scintillanti. Dovevano essere vive le peccatrici, perché il castigo fosse pieno e atroce. Quante donne sono state bruciate vive nei secoli scorsi in nome di un dio padre padrone.

Ma oggi, dopo tante conquiste, tante dichiarazioni di emancipazione, come può succedere che un uomo in crisi passi dal sentimento di nullità e di abbandono all'onnipotenza del destino che colpisce, immobilizza, brucia il corpo vivo di una donna che dice di amare? Ancora l'ombra, l'eco di quel padre padrone che lo ossessiona come un desiderio mai soddisfatto?

Cara Vania. Ti siamo vicini. Vicini al tuo corpo martoriato. Vorremmo dirti di non lasciarti andare alla disperazione e alla paura, di affidarti a quelle parti del corpo ancora intatte per fare lo sforzo immane di sopravvivere allo sconcio e all'odio disumano di chi non sa soffrire e pensa di recuperare la sua potenza facendo soffrire gli altri. Non è la vendetta che ci interessa. Non è infierendo su chi infierisce che si cambiano le cose. Quello che vorremmo è una presa di consapevolezza comune, un'altra interpretazione della parola amore. Che pure esiste. Dobbiamo solo riconoscerla dentro di noi al posto del sospetto e dell'odio.

3 agosto 2016

Quando la libertà è minacciata

«Mi hanno stracciato la camicetta, mi hanno messo le mani addosso, mi hanno rubato il telefonino, mi hanno sottratto il portafoglio, mi hanno cacciato un petardo sotto la maglia, mi hanno umiliata e offesa.» Queste alcune delle testimonianze che vengono fuori sempre più numerose e precise. Ma dai gesti descritti possiamo riconoscere l'appartenenza a una fede religiosa? No, se riteniamo che le religioni siano una cosa seria, che predica il buon senso e l'armonia. Sì invece se una banda di dispotici aggressori, per giustificare la propria volontà di potenza, chiama in causa un Dio collerico e intollerante che impone di uccidere chiunque non si sottoponga al suo culto, propugna la schiavitù e chiede la decapitazione dei prigionieri. I terroristi vogliono spargere paura e sgomento, vogliono dominare e distruggere. Ma siccome non possono compiere i loro crimini in nome del puro egoismo, si richiamano a precetti religiosi arcaici e storicamente morti.

Come se noi prendessimo alla lettera la Bibbia, libro scritto in una epoca in cui la schiavitù era ammessa e legale, in cui la giustizia si identificava con la vendetta, in cui la pena di morte era praticata ogni giorno, in cui la tortura era considerata lecita, in cui gli adulteri e gli omosessuali venivano lapidati, in cui le donne non avevano diritti civili, in cui le classi abbienti depredavano e sfruttavano le classi povere.

Da noi c'è stato Gesù Cristo che ha sconvolto e rovesciato le prescrizioni della Bibbia: le parole «amore» e «perdono» hanno sostituito il «dente per dente» e l'odio di religione. Nei Paesi musulmani un Gesù è mancato, ma è invalsa la prassi di una saggia convivenza fra popoli e culture diverse.

Che c'entra tutto questo con le molestie contro le donne in una piazza tedesca in un giorno di festa? In realtà c'entra, soprattutto se si riconoscerà che i molestatori sono giovani emigrati. Ma emigrati di oggi o di ieri? È importante fare la differenza. A me sembra difficile che i migranti di oggi, che hanno rischiato la vita per mettere piede su una terra straniera tanto evocata, siano così stupidi da compromettere la loro permanenza con atti di teppismo. Credo piuttosto che siano emigrati di seconda o terza generazione (Formigli ci ha mostrato con testimonianze dal vivo, che le carte di identità da profugo si comprano al mercato nero), ragazzi che si sono sentiti discriminati e oggi sono affascinati da una violenza che li rende improvvisamente protagonisti. Fare paura, per chi si considera socialmente debole, dà una profonda soddisfazione, appaga le umiliazioni trascorse e fa sentire superiori, potenti, privilegiati da Dio.

Se ci chiediamo poi perché la polizia non sia intervenuta in tempo e perché abbia sottovalutato i gesti di questi giovani maschi infoiati, potremmo rispondere che anche in certi nostri figli di una storia patriarcale alberga l'idea che strapazzare giovani donne che osano girare libere e sole per strada sia in fondo una «ragazzata» da comprendere e lasciare correre. Così come considerano «ragazzate» le minacce di tanti mariti e fidanzati che intimidiscono le loro mogli col coltello e la pistola. La sottovalutazione è un atteggiamento culturale, non una debolezza psicologica. Provate a denunciare una molestia sessuale. Vi troverete davanti un agente scocciato, a volte divertito, poco disposto a prendere sul serio una «sciocchezza del genere». Oppure comincerà un interrogatorio in cui si chiederà alla ragazza com'era vestita, come si è comportata, facendole capire che in qualche modo, se l'è cercata.

Ancora per molti occidentali la donna è prima di tutto una proprietà e come tale va rispettata. Ma nel momento in cui sfugge al suo possessore e rivendica la sua libertà di movimento e di scelta, diventa pericolosa, una nemica da punire, e a volte perfino da sopprimere. Non si tratta, come ripeto, di una questione di genere, ma di cultura: e riguarda chi identifica la propria virilità con la proprietà dell'altro.

Ma allora, cosa fare? Prima di tutto direi, disfarsi della idea facile che esistano le categorie, sessuali o religiose, ma fare uno sforzo per riconoscere i responsabili degli atti di violenza, da qualunque parte stiano, e applicare la legge che li punisce. Ma per fare questo è necessario difendere con più fermezza le nostre conquiste di parità e libertà, sancite dalla Costituzione. È necessario distinguere fra rispetto e relativismo. Il relativismo troppo spesso significa appiattirsi acriticamente sui valori altrui. Rispetto significa invece esigere dall'altro quello che si pretende per sé. Se vuoi che io rispetti la tua religione, devi rispettare la mia. Se vuoi che io rispetti la tua vita, i tuoi valori, le tue abitudini, devi rispettare il mio mondo. Il rispetto non può che essere reciproco. E va praticato come un'etica pubblica riconosciuta da tutti.

Certamente le politiche di accoglienza vanno riviste. Non possiamo fare finta che il terrorismo internazionale non esista, o non sia pericoloso. Ma la risposta alla violenza non può consistere in altra violenza. Il terrorismo religioso, fatto di bombe umane e aggressioni improvvise, è un fenomeno complesso e nuovo che va affrontato con conoscenza e coraggio, unendosi per stabilire strategie comuni, sapendo che costerà soldi e sacrifici; ma se non vogliamo cascare nella loro provocazione, ovvero in una guerra mondiale che farebbe migliaia di morti, dobbiamo ragionare insieme, inventare nuove strategie, pensare in grande e a lunga scadenza, dando un esempio di maturità e di responsabilità.

10 gennaio 2016

Una ragazza afghana

Una ragazza afghana, Fakhunda, viene accusata di avere bruciato alcune pagine del Corano. Nessuno verifica la notizia: è bastata una voce, un'accusa poi risultata fasulla, per scatenare la folla, che si è avventata contro la povera ragazza all'uscita dalla moschea colpendola con calci e pugni. Fakhunda cerca di scappare, ma viene fermata da uomini armati di bastone che infieriscono su di lei finché cade per terra apparentemente morta. Non contenti, gli aguzzini la trascinano fino alla riva del fiume Kabul: viene bruciata che ancora respira.

Due poliziotti che stavano a guardia della moschea non hanno mosso un dito. Un religioso islamico, Ayaz Niazi, definirà poco dopo «giustificato» il linciaggio. I parenti della ragazza gli impediranno di partecipare al funerale, che molti speravano diventasse un'occasione per pubblicizzare la punizione di un'eretica. Per una volta le donne afghane si rivoltano: decidono di portare loro la bara. «Non vogliamo che Fakhunda sia toccata nel suo ultimo viaggio dalle mani maschili che l'hanno uccisa.» Un bel gesto di coraggio da parte di donne costrette a girare con la testa coperta in segno di umiltà e sottomissione.

L'episodio ne ricorda un altro, successo il 28 maggio 2014: una ragazza cinese, che aveva rifiutato di dare il suo numero di telefono a un giovane in un McDonald's di Zhaoyuan, nella Cina orientale, viene presa di mira da un gruppo di giovani e uccisa a pugni, calci e bastonate. I giovani hanno confessato il delitto, dicendo di appartenere a una setta religiosa, la «Chiesa del Dio Onnipotente». L'orrendo massacro è stato filmato da un passante, e mostrato in rete. Colpisce l'indifferenza dei presenti che guardano senza intervenire... E che dire delle due ragazze che sono state bastonate e poi stuprate e poi impiccate a un albero, in un villaggio dell'Uttar Pradesh?

Ma anche in Italia non si scherza: il 10 febbraio scorso una donna, Magda Valcelian, è stata uccisa dal marito, sotto gli occhi del figlio bambino, alla periferia di Moncalieri. Come raccontare tanta efferatezza e come spiegarla? Certamente l'estremismo religioso non aiuta a creare armonia fra i sessi. Non si sa da dove spuntino queste fedi devote che sembrano pascersi di odio, disprezzo e volontà di punizione nei riguardi delle donne. Certo la volontà di autonomia e l'ingresso di tante giovani nelle professioni tradizionalmente maschili ha creato disagio e paura. Ma ci vuole tanta debolezza e tanta viltà per mettersi in gruppo e uccidere una ragazza inerme!

24 marzo 2015

Avevo 14 anni quando sono stata venduta

Quanto sappiamo noi cittadini delle trasformazioni che ha subito e sta subendo il fenomeno della prostituzione nelle grandi metropoli? Ci disturba che le ragazze contrattino sotto casa? Be', chiediamo agli amministratori di risolvere il problema. Come? Spostando il commercio di sesso da un'altra parte. Obblighiamo le prostitute a chiudersi in una specie di parco segregato, fuori dagli occhi pudichi dei benpensanti e la cosa è risolta.

Ma quanti sanno che ormai non si tratta più di donne adulte e libere che vendono autonomamente il proprio corpo, cosa lecita nel nostro Paese, ma sempre più di donne soggette a tratte internazionali, nuove schiave che vengono trattate peggio degli animali da macello? Dal 70 all'80% delle prostitute, secondo le stime dell'Onu, ormai sono straniere in Europa. E quasi la totalità di queste straniere sono private dei passaporti, rese clandestine e senza diritti, proprietà di commercianti di carne umana che le comprano come merce da sfruttare e pretendono di farsi ripagare il prezzo dell'acquisto e del trasporto, aumentato del 300%, dall'attività sessuale forzata e dai ritmi feroci degli accoppiamenti di strada. Un commercio che rende ai trafficanti milioni e milioni di euro, diretto e condotto da varie mafie: quella italiana, in congiunzione con quella nigeriana, rumena, cinese, serba eccetera. Un traffico che gode della complicità, come dice suor Eugenia Bonetti, «di dipendenti e funzionari di ambasciate, uffici di immigrazione, aeroporti, agenzie di viaggio, proprietari di appartamenti, alberghi e tassisti».

Spostare questo commercio in una specie di quartiere a luci rosse, forse può soddisfare qualche cittadino che non vuole essere disturbato, ma non affronta il problema né aiuta a risolverlo. È facile dire che la prostituzione è sempre esistita, che «bisogna abituarsi a conviverci». La legge infatti non la considera illecita. Ma quanti dei 9 milioni di italiani che fanno sesso a pagamento sanno di essere oggettivamente complici di un traffico di schiave, fatto spesso di minorenni, quasi sempre tenute in soggezione con ricatti in bilico fra la tortura e la minaccia di morte?

Ne sa qualcosa suor Eugenia Bonetti, autrice di due libri sul tema: *Schiave* (edizioni San Paolo) e *Spezzare le catene* (Rizzoli). Ne sa qualcosa suor Rita Giarretta di Casa Rut di Caserta, che raccoglie ragazze disperate, costrette ad abortire quando rimangono gravide, umiliate e minacciate, terrorizzate da proprietari che le tengono sottomesse con la pratica di stupri di gruppo, insulti, violenze e intimidazioni, al punto da diventare complici dei loro aguzzini, spesso le peggiori nemiche di se stesse.

Tutto questo non esisterebbe se tanti uomini, quasi sempre bravi mariti e bravi padri di famiglia, non fossero spinti a pagare una donna per soddisfare il proprio bisogno di «avventura», di trasgressione erotica, o forse solo mossi dal bisogno di dominare l'altro: se compro un corpo, anche per pochi minuti, questo corpo mi appartiene, posso farne quello che voglio.

Ma chi è questo cliente che ha bisogno di mortificare un corpo trasformandolo in merce? Che ama pagare per non affrontare da pari a pari una persona dell'altro sesso? Che concepisce la soddisfazione sessuale come una rapina notturna? Eppure il cliente «rappresenta un fattore chiave nel determinare la domanda che alimenta il fenomeno della tratta di donne e minori, un fenomeno che non può essere semplicisticamente ridotto alla prostituzione e che, più che una questione femminile, dovrebbe essere affrontato come un serio problema maschile».

I vari osservatori della prostituzione internazionale dicono che sono sempre più donne le protagoniste dei flussi migratori mondiali. Sono le donne che rispondono in maggioranza alla domanda di manodopera a basso costo, corrispondente come dicono gli americani alle Tre D: «dirty, dangerous, degrading», ovvero lavori sporchi, pericolosi, degradanti. Oltretutto il fenomeno della tratta, in tempi di crisi, è in aumento e riguarda in prevalenza le donne e i minori.

La prostituzione non è un fenomeno nuovo, è chiaro, ma è nuovo questo «commercio globale che sfrutta l'estrema povertà e vulnerabilità di molte donne e minorenni immigrate, trasformandole in merci. Sono le schiave del ventunesimo secolo,» scrivono Bonetti e Anna Pozzi «ingannate, schiavizzate e gettate sui nostri marciapiedi o in locali notturni, le prostitute sono l'ennesimo esempio dell'ingiusta discriminazione imposta alle donne dalla nostra società del consumo, da cui nessuno è escluso».

«Avevo 14 anni quando sono stata venduta da uno zio a un trafficante che prometteva lavoro onesto. In Nigeria la vita era un incubo, la mia famiglia è poverissima, si mangiava solo una volta al giorno e a volte a giorni alterni. Io dovevo lavorare notte e giorno per aiutare la mamma, curare i fratellini, prendere l'acqua del pozzo e lavorare nei campi, andare al mercato facendo chilometri a piedi, ero sempre stanca anche perché non mi nutrivo abbastanza. Così, quando mio zio mi ha proposto il viaggio in Italia avrei fatto qualsiasi cosa perché questo sogno si avverasse. Non sapevo che mi aveva venduta e mai avrei potuto immaginare quello che mi avrebbero costretta a fare.» Mercy, di Benin City.

Secondo l'Oil (Organizzazione internazionale del lavoro), sarebbero circa 3 milioni gli adulti e i bambini costretti al lavoro forzato e alla prostituzione coatta nel mondo. In Italia le vittime della tratta sarebbero fra le 19.000 e le 26.000. Secondo i dati Caritas invece supererebbero le 30.000 persone.

Il Vienna Forum to Fight Human Trafficking, promosso dalle Nazioni Unite, racconta di un traffico che frutterebbe 32 miliardi di dollari l'anno, «assieme a quello di armi e stupefacenti il traffico di esseri umani appare una delle fonti più lucrative in assoluto e coinvolge diversi Paesi e aree del mondo. Il giro di affari delle agenzie di turismo sessuale che operano via internet è di 1 miliardo di euro, mentre gli introiti a scopo prostituzionale variano tra i 7,8 e i 13,5 miliardi di euro».

L'industria della prostituzione rappresenta una voce importante nel Pil di molti Paesi europei. In Olanda corrisponde a circa il 5%, in Giappone è fra l'1 e il 3%, in Paesi come la Thailandia, l'Indonesia, la Malaysia e le Filippine si calcola che rappresenti fra il 2 e il 14% dell'insieme delle attività economiche. In Italia si quantifica approssimativamente che il giro di affari vada dai 150 ai 250 milioni di euro al mese.

«Quando Madame mi ha detto che dovevo rimborsare 50.000 euro di debito non mi rendevo neppure conto di quanti soldi fossero. Sono nata e cresciuta in un villaggio dell'Edo State in Nigeria. Ho frequentato la scuola fino alla terza elementare. Poi un parente ha convinto la mamma a farmi venire in Italia per un lavoro dignitoso. Fino al mio arrivo qui avevo maneggiato pochi naira per comprare il pane e l'olio di palma. 50.000 euro, una follia, pensavo, e invece li ho dovuti rimborsare tutti. Dopo un poco mi sono resa conto di cosa significasse. E che rendevo molto bene alla Madame. Ogni mese infatti le facevo guadagnare almeno 5000 euro.»

È chiaro che nessuno pensa di eliminare con rapide mosse la prostituzione, pratica mondiale legata alla povertà e alla violenza sessuale ed economica, ma pensare di risolvere le cose creando ghetti cittadini è a dir poco ingenuo. Intanto perché non informiamo i cittadini, e quei tantissimi uomini che si credono in diritto di «utilizzare» i corpi delle donne, di cosa c'è dietro questo semplice scambio di prestazioni contro soldi?

Certamente ci sono ancora delle italiane adulte che lucidamente decidono di vendere il proprio corpo (la maggior parte delle escort sa quello che fa). Ricordo le due coraggiose lucciole di Pordenone, Pia Covre e Carla Corso, che negli anni Settanta hanno teorizzato il diritto alla vendita consapevole del proprio corpo e hanno aiutato molte donne della strada a recuperare la stima di sé. Ma, in tempi di globalizzazione, di intensa immigrazione e di crisi economica, il mercato si sta trasformando soprattutto in commercio clandestino e illegale, fortemente legato alla criminalità organizzata. Un commercio che riguarda sempre più minorenni, bambine e bambini di Paesi poveri, rapiti nelle campagne più disastrate e portati in bordelli per adulti europei che comprano, assieme al costo del viaggio, anche una notte con una ragazzina che potrebbe essere loro figlia se non loro nipote.

Senza ricorrere alle manette, che servono poco, sarebbe importante impostare una vasta campagna di informazione sugli ultimi dati del mercato, di cui quasi sempre i bravi frequentatori di prostitute dicono di non sapere niente. Sarebbe urgente anche nelle scuole educare alla cura dei sentimenti, criticando la pratica del consumo, che implica l'usa e getta non solo delle braccia e delle menti di chi lavora in nero, ma anche la mercificazione della parte più intima e sensibile del corpo umano, ovvero il sesso.

«Abbiamo bisogno di cambiare la cultura,» insiste Eugenia Bonetti, che dal 2012 dirige la coraggiosa associazione internazionale Slaves no more, «dobbiamo fare di tutto per uscire dalla logica del mercato e promuovere la cultura del rispetto e della responsabilità.» Parole che certo Papa Francesco condivide. E con lui moltissimi laici responsabili: è necessario recuperare il sentimento di giustizia e di solidarietà, se non vogliamo precipitare nel funesto mondo della violenza e dell'abuso.

10 febbraio 2015

Le donne meno portate al crimine?

Ho davanti agli occhi le statistiche del ministero della Giustizia, dipartimento per la giustizia minorile. Dati rilevati fino al 15 ottobre del 2013. La cosa che colpisce è che gli stranieri che delinquono sono nettamente inferiori agli italiani e che la curva della delinquenza minorile è in discesa. E questa è una buona notizia. Quello che non immaginavo è la distanza che tutte le statistiche dimostrano fra la capacità di delinquere dei «giovani maschi» e delle «giovani femmine», così vengono distinte sulla carta. Nel 2011 gli ingressi nei Centri di prima accoglienza sono stati di 1337 maschi e 75 femmine. Nel 2012: 1191 maschi e 65 femmine. Fra gli stranieri: 668 maschi e 269 femmine. Anche questa una stranezza: fra gli stranieri la differenza tra i due sessi appare minore. Sarebbe interessante capire il perché.

Chi pratica i luoghi comuni comunque sorride soddisfatto, convinto che queste statistiche diano ragione alla teoria che le donne sono naturalmente meno portate al crimine, fisiologicamente più accudenti, più gentili, più pazienti, meno aggressive eccetera. Ma come tutte le spiegazioni che partono da una osservazione fisiologica, conducono pericolosamente verso il razzismo.

Se le donne sono esseri umani, completi e complessi, devono avere uguali capacità di fare il male come di fare il bene. Altrimenti dovremmo credere che il libero arbitrio non esiste, che alle donne è assegnato dalla natura il compito di sacrificarsi, di farsi dominare, guidare, correggere, in nome di una gentilezza d'animo che nello stesso tempo è debolezza e irresponsabilità.

Non a caso tantissimi codici le hanno considerate, e in certi luoghi le considerano ancora, minorenni a vita, incapaci non solo di decidere del proprio futuro e della propria libertà, ma perfino di guidare una automobile.

Se si studia la storia con un minimo di razionalità, si scoprirà che le donne sono sempre state costrette a sublimare la loro aggressività. Una costrizione che è diventata nei millenni una virtù bene assorbita e introiettata. Ma nello stesso tempo una fragilità, perché si accompagna troppo spesso a disistima di sé, a incapacità di reazione, a profonde passività che le inchiodano a un destino di sopraffazione. Da qui la minore presenza sulla scena del crimine. Ma non si tratta di natura, bensì di storia. E se le donne usano meno la violenza, è segno che la sublimazione funziona. E quindi proprio da lì bisognerebbe partire se vogliamo costruire un futuro più umano, basato sulla convivenza pacifica fra esseri umani. Non reprimere, ma imparare a guidare i propri istinti aggressivi, prima conoscendoli e poi sublimandoli. Ma tutti insieme, senza lasciare a un sesso il compito di esprimere la violenza e all'altro di subirla. Purtroppo la violenza è data ancora troppo spesso come un valore maschile. Un tratto della sua virilità. Che, ipocritamente, viene condannata quando eccede, ma contemporaneamente viene incoraggiata e stimolata nella vita quotidiana attraverso la narrazione infinita dell'atto di sparare, strangolare, accoltellare che si ripete sui nostri schermi, dentro le pagine dei fumetti, sugli schermi dei videogiochi.

5 novembre 2013

Le donne italiane come la piazza egiziana

Il giorno 13 febbraio le donne scenderanno in strada a protestare. In tutta Italia. Questa la notizia che sta correndo come una lepre per la rete, con poca risonanza sui giornali. La rete ormai si sta rivelando come lo strumento più rapido e libero di informazione. È la rete che ha permesso l'incontro di migliaia di persone in piazza per protestare contro la prepotenza del governo egiziano, inamovibile, sordo ormai alle ragioni di chi soccombe, incapace di rinnovarsi, impermeabile a ogni richiesta di democrazia: libertà di parola, di pensiero, di movimento, meritocrazia, lavoro per i giovani, guerra alla corruzione dilagante.

Cosa chiedono oggi le donne italiane? Paradossalmente, in un Paese che si definisce libero, chiedono, proprio come i ragazzi tunisini ed egiziani, libertà di parola, di pensiero, maggiore democrazia, guerra alla corruzione, accesso alle professioni. In uno dei Paesi più sviluppati del mondo, nel disinteresse generale, stiamo assistendo a una crescente svalutazione del pensiero e della volontà femminile, a una spinta per il ritorno a casa, a una perdita costante di lavoro e di prestigio. Il nostro è il Paese d'Europa dove le donne lavorano meno fuori casa, e dove, nonostante alcuni casi eclatanti, la rappresentanza nelle istituzioni e nei luoghi del potere si riduce ogni anno.

Al posto della valorizzazione e della meritocrazia, si sta radicando nella mente dei più giovani una idea mercantile dei rapporti umani. Ai ragazzi si suggerisce di affinare le proprie capacità intellettive per andare poi a offrirsi nei mercati globalizzati. Alle ragazze si propone di vendere, subito e a buon prezzo

– perché al contrario delle competenze, il corpo sessuato perde valore con il crescere e il maturare –, la sola cosa che sulla piazza vale sempre di più: un corpo da consumare. Se non è questa una mostruosa, sottile e ossessiva induzione alla prostituzione femminile, cosa è?

Sia chiaro, ciò avveniva anche ai tempi di Tolstoj. Il quale, solo fra tanti uomini ligi, accusato di pazzia e perversione, ha avuto il coraggio di scrivere, in forma romanzesca e saggistica, che il matrimonio era un mercato delle vacche, in cui si mettevano in vendita corpi di ragazze al miglior offerente. Con il sacrificio generazionale di talenti e capacità straordinarie, con la mutilazione quotidiana di cervelli e cuori capaci. Di questi sacrifici non importava niente a nessuno. Ma allora era la famiglia che si adoperava per piegare le volontà giovanili, le aspirazioni alla libertà. Ora è la cultura di mercato, che passa soprattutto attraverso le seduzioni di plastica della televisione, di molto cinema e della moda.

Non è un caso che la mentalità del mercato vada a braccetto con l'idea poco democratica di un capo carismatico. Wilhelm Reich, nel suo studio sulla psicologia di massa, racconta molto bene l'intreccio di paure, illusioni, odi e frustrazioni da cui nasce ogni tentativo di imporre un regime di autorità. E le donne sono le prime a venire irreggimentate. Il loro storico bisogno di un capo – indotto e introiettato a furia di botte simboliche e reali – le rende docili prede. Su questo conta chi di quel mercato si fa padrone e manipolatore senza scrupoli.

8 febbraio 2011

La scelta negata

Tristissimo che in un momento di crisi economica, di illegalità diffusa, di paure collettive, di nuovi razzismi, si proponga come problema etico principale la questione della pillola abortiva.

L'aborto storicamente è sempre esistito. E, diciamolo, è già un progresso rispetto all'infanticidio, praticato da popoli civilissimi come quello greco antico e quello cinese di oggi. L'aborto è una pratica che nessuna legge è mai riuscita a impedire. Quando viene vietata, passa in clandestinità provocando disastri psicologici e fisici, ferite, traumi e abusi di ogni genere. Se veramente si vuole abolire l'aborto, non come principio ma come pratica – e io sono fra i sostenitori di ciò, perché lo ritengo un modo cruento di evitare una nascita non voluta –, si devono creare alternative credibili aiutando le donne a gestire la propria maternità, invece di attaccarle come fossero assassine e delinquenti. Di fatto in Italia l'aborto, che è sempre stato diffusissimo, è diminuito in modo vistoso ed eloquente solo quando è uscito dalla clandestinità e si è avvalso di una civilissima legge che ha consentito alle donne di considerarsi cittadine portatrici di un diritto, non clandestine votate a un furto di libertà. Una legge che ha incoraggiato le donne a parlarne con i medici, a impadronirsi dei metodi contraccettivi. La maternità responsabile però non può essere separata dalla diffusione sul territorio di asili nido gratuiti e aperti 24 ore su 24. È così che in Francia hanno incrementato le nascite, pur mantenendo un alto livello di indipendenza femminile attraverso il lavoro extradomestico.

Purtroppo la pratica tanto diffusa di intervenire sul corpo femminile quando è troppo tardi, è stata finora incoraggiata proprio da chi ha demonizzato il sesso trasformandolo in un tabù. Voglio ricordare che fino a pochi anni fa solo parlare di anticoncezionali era proibito. Ogni dispersione del seme maschile era da considerarsi un peccato. E ancora oggi la Chiesa preferisce che le donne africane rischino il contagio da Aids piuttosto che usino i preservativi.

Ma cosa propongono i fanatici al posto della prevenzione ragionata e consapevole? L'astinenza. Come se la castità, cosa bellissima in sé, potesse essere imposta anziché scelta. Il divieto istituito dall'alto, ovvero la repressione autoritaria delle pulsioni sessuali al posto di regole introiettate basate sul rispetto dell'altro e sulla moderazione, provoca rancori, furori nascosti e spesso rapine sessuali ai danni dei più deboli. Proprio quello che subiscono i bambini dagli stessi educatori, di cui veniamo a sapere, allibiti, in questi giorni e che tocca da vicino la Chiesa per i suoi silenzi colpevoli.

Ma ecco il punto: la libera scelta è quella che più spaventa e ha sempre spaventato chi detiene il potere. Le donne che sanno, che scelgono, che decidono di sé, che cercano la verità fuori da ogni dottrina prestabilita, diventano pericolosamente responsabili, capaci di chiedere chissà che, persino i propri diritti sul lavoro e in politica. E lì parte il divieto e l'ossessione del controllo. Questa è sempre stata la cultura che ha favorito l'aborto.

6 aprile 2010

Cara Veronica Lario

Cara Veronica, questa lettera giace sul mio tavolo da settimane. Mi tratteneva il riserbo di fronte a una persona riservata come lei. Ma quando ho letto che si sente sola e abbandonata ho pensato che era giusto comunicarle pubblicamente la mia solidarietà. Che le assicuro è la solidarietà di molti italiani, sicuramente più di quanti lei sospetta. La mia è una solidarietà impregnata di indignazione. Il linciaggio nei suoi riguardi, soprattutto dai giornali vicini a suo marito, è feroce, rancoroso e punitivo. Vorrei ricordare loro che la brutalità che usano, oltre a colpire lei, ferisce tutte le donne.

Perché denuncia una mentalità razzista, un atteggiamento culturale offensivo nei riguardi dell'altro sesso. Come a dire: tacete e state a casa.

Qualsiasi prepotenza o abuso denunciate certamente sarà per ragioni volgari: gelosia, invidia, paura di perdere potere e denaro.

Purtroppo non si tratta di una novità: sta montando di questi tempi una nuova misoginia, fatta di una falsa ammirazione per le bellezze femminili che nasconde aggressività e disprezzo.

Un virus insinuante che ha contagiato, oltre una quantità di settimanali e di quotidiani, anche molto linguaggio della classe politica, e appare tutti i giorni, brillante e festoso in tante trasmissioni che entrano nelle case italiane.

Come interpretare questa rabbiosa intolleranza verso il genere femminile? Forse le donne stanno diventando troppo brave: le migliori nelle università, le migliori nella pedagogia scolastica, le migliori in tante professioni. Questo certamente mette in discussione la supremazia culturale maschile che per molti deve rimanere alla base del rapporto fra i sessi. Altrimenti «botte», come strillano i prepotenti. Anche nel suo caso si sta ricorrendo alle «botte» mediatiche. Perché taccia.

Cosa conta la sua dignità, il suo pensiero, le sue preoccupazioni di fronte a un marito che, secondo lei, è caduto in preda a una erotomania senile?

Più i giorni passano e più risulta chiaro che le parole dure ma limpide da lei pronunciate non solo dichiarano il vero, ma rivelano solo una parte della gravità della situazione. Un uomo dalla grande responsabilità politica che si è esposto gridando e minacciando la propria moglie che lo redarguisce e gli chiede con fermezza il divorzio non è né dignitoso né onorevole. Qualcuno ha strillato al tradimento, qualcuno alla calunnia, qualcun altro al moralismo bigotto. Ma tutti sanno che un uomo che rappresenta una nazione non può comportarsi come un cittadino qualsiasi.

La sua condotta deve, non dico essere esemplare, tutti possono sbagliare, ma non può trascurare la trasparenza. Doppiezza e menzogna sono pericolose per un governante, in quanto si prestano ai ricatti. I cittadini hanno il diritto di sapere se un loro governante sia in condizioni gravi di doppiezza e ricattabilità. Questo non significa fare del moralismo, come è stato scritto, ma credere in una tenuta pubblica che deve suscitare stima e fiducia.

27 maggio 2009

Il triste neologismo femminicidio

Femminicidio: una parola che sul vocabolario non c'è, come tante altre parole nate di recente che indicano la divisione di genere. È vero che la parola Uomo comprende anche la donna, ma scrivere «omicidio» quando l'uccisione di un essere femminile per mano di un essere maschile si ripete tanto spesso, è giusto? Ha senso trattare la violenza come anonima e astratta, prescindendo dai generi?

Le statistiche ci dicono che non è lo stesso visto che ogni due giorni muore una donna per mano di un uomo, che spesso è anche suo marito o suo compagno di vita. Secondo i dati della Direzione centrale della polizia criminale, nel 2007 ci sono state 5492 donne che hanno denunciato maltrattamenti. Tenendo conto che, come calcola la stessa polizia, solo il 5% delle donne picchiate si decide a denunciare, possiamo immaginare il buio sommerso di violenze quotidiane che non rientrano nelle statistiche. Fra le denunce 1321 vengono da straniere. Invece, le donne uccise nel 2007 sono state 149, 37 più del 2006. Per quanto riguarda il 2008, si hanno per ora solo i dati del primo semestre e sono allarmanti. Già si contano 2543 denunce per maltrattamenti e 81 omicidi. Se dovesse continuare con questo ritmo, il numero delle donne maltrattate e di quelle assassinate diverrebbe il doppio dell'anno passato. Forse la parola femminicidio non è così azzardata.

Ma perché tanti uomini si accaniscono contro le proprie donne strangolandole, accoltellandole, tagliandole a pezzi, chiudendole nei sacchi dell'immondizia e gettandole nei cassonetti, come abbiamo letto e continuiamo a leggere sui giornali? Alcuni dicono che la crescita esponenziale viene dall'aumento delle denunce. È possibile, ma varrebbe solo per i maltrattamenti. Gli omicidi non dipendono dalle denunce. Sono fatti che parlano da sé. E ci dicono che troppe donne muoiono per mano di chi sostiene di amarle. Il contrario non si dà. Non ci sono ogni anno 149 uccisioni di uomini per mano di donne. Quindi è logico parlare di una differenza di genere. Ma la domanda rimane senza risposta. Perché tanti uomini sono portati a uccidere le donne che hanno amato e dicono di amare ancora?

Sinceramente non credo che gli uomini siano per natura stupratori, picchiatori e assassini. Ma, come sostengono antropologi e scienziati, siamo tutti figli di una cultura che divide e forma, nomina e istituisce. Non solo regole, ma idee di se stessi, miti, feticci, sogni, segnali di identità. I comportamenti sono determinati dalla cultura, non dalla biologia. Margaret Mead ha dimostrato con chiarezza quanto il concetto di maternità, per esempio, cambi secondo i luoghi in cui si nasce, i modi in cui ci si procura il cibo, in cui si dividono i compiti. E così con la pratica dell'aggressività, del dominio, del rapporto gerarchico fra i sessi.

Se l'amore virile viene vissuto come diritto alla proprietà del corpo e della libertà della donna amata, nel momento in cui lei dimostrerà una volontà autonoma il concetto di virilità dell'uomo andrà pericolosamente in frantumi trasformandolo in un aggressore, a volte anche in assassino. Nessuno può vivere con una idea spezzata di sé.

2 dicembre 2008

Fanno più figli le donne che lavorano

Sono solo il 50,8% le donne che lavorano in Italia. La più bassa percentuale in Europa. Basti pensare che in Svezia sono il 70%. Ma la notizia che avrebbe dovuto fare scalpore, rimasta purtroppo semiclandestina, è quella pubblicata da «Famiglia Cristiana»: le donne che lavorano fanno più figli.

Si pensava il contrario. Si scriveva il contrario. Il luogo comune a cui ancora molti moralisti si aggrappano vuole che le madri, libere di dedicarsi ai figli rimanendo a casa, abbiano più voglia di allargare la famiglia. Invece non è così. Lo dicono studi specializzati. Lo analizza un libro, *Il fattore D*, di Maurizio Ferrera, docente di Teoria e politiche dello Stato sociale dell'Università degli Studi di Milano, edito da Mondadori. Dovunque le donne dispongono di un lavoro e di uno stipendio proprio, si accingono con più responsabilità a diventare madri: in Svezia il tasso di fertilità raggiunge l'1,6%, in Francia dove lavorano 6 donne su 10 il tasso di fecondità è salito a 2 figli per donna, mentre l'Italia è rimasta all'1,3%.

Ma allora cosa vogliono le donne? si chiedono i giornalisti di «Famiglia Cristiana». E la risposta viene dalle molte intervistate: imprenditrici, operaie, sindacaliste. Lavoro e figli, questa è la richiesta. Evidentemente cambiano anche i desideri e i progetti al femminile. Ciò che le nuove donne trovano umiliante e anacronistico è l'essere costrette a scegliere. Cosa che purtroppo succede ancora ampiamente in Italia, dove mettere al mondo un bambino ha costi eccessivi e il peso dell'allevamento ricade quasi tutto sulle spalle delle madri.

Le ragazze delle nuove generazioni danno il meglio di sé negli studi. Sono bravissime nelle facoltà universitarie, anche quelle frequentate fino a poco tempo fa solo da uomini. Il nodo viene al pettine nel momento in cui queste ragazze con brillanti studi alle spalle si sposano e decidono di mettere su famiglia. Immediatamente scoprono che è difficilissimo conciliare la cura di una maternità con gli orari di lavoro. Sempre che trovino un lavoro, cosa che sta diventando sempre più ardua. Se non hanno una madre amorevole disposta a sacrificarsi giorno e notte, dovranno ricorrere a un asilo. Ma salvo alcune zone fortunate del nostro Paese in cui gli asili sono comunali e gratuiti, anche se hanno orari non conciliabili e sono praticamente a numero chiuso, gli altri, quelli privati, costano cari e dove trovare i soldi? Quando, facendo i conti, si scopre che lo stipendio del marito viene pesantemente decurtato dalle spese per la cura del figlio, di solito la giovane madre decide di restare a casa rinunciando alla sua professione.

Conosco personalmente una giovane donna tenace che per non perdere il lavoro ha dovuto nascondere fino all'ultimo la sua gravidanza. Si è presa il periodo di vacanza per andare a partorire e oggi fa una vita d'inferno: ha dovuto svezzare anzitempo il suo bambino, allattandolo solo in certi orari per non incorrere nel licenziamento. Questo succede nell'Italia del 2008. E non si tratta di un caso isolato. Ancora non passa per la mente dei nostri datori di lavoro e della nostra classe dirigente che un figlio è un bene pubblico prima che privato e le donne che si accingono a diventare madri vanno aiutate, ma non con la retorica.

11 marzo 2008

Luca e il suo gemello

Luca Delfino viene descritto come un ragazzo «dolce e protettivo». Così appariva alle donne quando le corteggiava. Aveva lusingato e abbagliato Luciana Biggi, l'aveva conquistata con i suoi modi di ragazzo generoso e educato. Per poi aggredirla al primo screzio e picchiarla ferocemente. Le donne, quando si innamorano, sono prese spesso dalla smania di fare le crocerossine.

Di fronte a uomini dalla volontà malata che bevono e picchiano, si trasformano in mamme apprensive, sicure di potere redimere il cattivo ragazzo a furia di amore e di abnegazione. Purtroppo l'uomo violento, trattato come un bambino da riabilitare o salvare, diventa ancora più inquieto e alla prima occasione si rivolta furibondo a mordere la mano che vorrebbe carezzarlo. Delfino ha detto di avere amato la sua prima fidanzata e tutti gli hanno creduto. Probabilmente era anche sincero. Solo che la sua idea dell'amore è aberrante: cannibalesca, schiavistica, pronta a passare dalla carezza al pugno, dal bacio al manrovescio. Si può chiamare amore questo insieme di comportamenti egoistici e contraddittori? Purtroppo la cosa è molto diffusa e comune. E non si tratta di una innata cattiveria maschile, piuttosto di un distorto modo di vedere le cose che affonda le radici in una cultura antica e fatiscente. Per uomini innamorati alla maniera di Delfino, il sentimento verso l'altra si identifica col possesso più brutale: sei mia e io faccio di te quello che voglio. E se l'amata risponde con un gesto di indipendenza, l'amante ritiene, in termini arcaici, che quella sia una ferita inaccettabile per la sua identità di maschio, una offesa che merita la più crudele delle vendette.

Il sentimento mostruoso

Mostruoso chiamare amore un sentimento di questo genere, nutrito di odio e spirito di rappresaglia, ma poiché a suo tempo è stato accompagnato da una forma di seduzione reciproca, lui si sente legittimato a considerarlo ancora tale. Fa pensare all'affetto dispotico e crudele che alcuni proprietari di animali domestici provano per i loro cani e gatti, per cui se l'animale disobbedisce una volta, lo puniscono con una bastonata, ma se disobbedisce due volte, tre volte, si sentono in diritto di ammazzarlo. Magari con amore, come dicono per giustificarsi: «Altrimenti impara a disobbedire e dove andiamo a finire!».

Il viso che inganna

Torniamo a Luca Delfino, il ragazzo dal tratto dolce e i gesti protettivi. Sappiamo poco di come sia vissuto fino al momento in cui il suo nome è stato accostato a quello di Luciana Biggi, trovata morta sgozzata nella notte fra il 27 e il 28 aprile del 2006 in vico San Bernardo, nel centro storico di Genova. La polizia lo va a cercare sapendo che Luciana e Luca erano fidanzati. Lui, con una naturalezza molto convincente, dichiara di non sapere nulla. Ha lasciato la ragazza vicino a casa e non l'ha più vista. Si mostra dispiaciuto, anzi disperato. E partecipa, assieme a parenti e amici, alle ricerche del responsabile. La sua aria da bravo ragazzo assomiglia molto a quella del giovane Alberto Stasi che viene oggi incolpato di avere accoltellato Chiara Poggi. È cronaca di questi giorni. Quanti mariti, quanti fidanzati hanno partecipato, afflitti e addolorati, alla caccia dell'assassino della donna da loro uccisa, per non pensare che ci sia dietro un comportamento ricorrente dalla forte impronta sociale e culturale? La bella faccia innocente di Alberto Stasi ci guarda da tutti i giornali con un tale candore da insinuare dubbi anche nei più accaniti raccoglitori di indizi. Perfino la madre di Chiara ne è stata contagiata. Tanto da tenergli la mano durante il funerale. Da abbracciarlo pubblicamente più volte con triste fiducia.

Il doppio lato

La doppiezza inganna, non solo le madri e le fidanzate, ma anche gli inquisitori, la polizia, i giudici. Come fa un ragazzino dalla faccia latte e miele, i modi gentili e timidi, a trasformarsi in un assassino insensibile e senza pietà? Qualcuno ha parlato di doppia personalità. Esiste una malattia che si chiama schizofrenia: la persona è scissa in due e quasi si potrebbe dire che l'una non sappia quello che fa l'altra, o è propensa a dimenticarlo, con una tale determinazione da considerarsi innocente in tutti i sensi. Delfino ha una doppia personalità? La parola schizofrenia in greco significa mente divisa. Però la vera schizofrenia ha altri segni che la fanno riconoscere. Si parla di «disorganizzazione» del pensiero, di allucinazioni, di confusione del discorso verbale, di disordine del comportamento, come manie, ossessioni, deliri; oppure di «appiattimento» affettivo e scompiglio nelle attitudini intellettive. Prima infatti si chiamava «dementia praecox». Ma nel caso della doppia personalità, la parte che prevale tutti i giorni di fronte al mondo è bene organizzata, non soffre di disturbi del discorso verbale né del comportamento, non soffre di deliri, non ha tic, ossessioni visibili.

L'altra metà, quella buia, è talmente ben nascosta che diventa invisibile. L'assassino dissimula con tanta arte da incantare chiunque. È quello che succede a Luca Delfino dopo il delitto di Luciana Biggi. La polizia raccoglie molti indizi, fra cui il più palese: la registrazione di un incontro di lui con la fidanzata pochi minuti prima dell'omicidio. La telecamera stradale, nella notte fra il 27 e il 28 aprile del 2006, ha fissato le immagini di Delfino accanto a Luciana. Poi i due sono usciti dal raggio della camera. Pochi minuti dopo la ragazza viene sentita gridare e quando qualcuno accorre, non ci sono più tracce dell'assassino. Interrogato, Delfino non ha saputo spiegare come ha trascorso quel tempo.

Le ricerche e i giudici

Dopo mesi di ricerche, il capo della Mobile di Genova, Claudio Sanfilippo, sostiene di avere trovato molti indizi che indicano come responsabile Luca Delfino, il quale viene segnalato come persona «altamente pericolosa». Ma il procuratore capo di Genova, Francesco Lalla, non è convinto. Secondo lui gli indizi non sono sufficienti per fermare Delfino, nemmeno per chiedere una misura di cautela. A questo punto non è lecito pensare che sia proprio la legge a essere manchevole? In effetti ci sono delle parlamentari che stanno cercando di fare approvare un regolamento più attento e severo verso chi minaccia e picchia la persona «amata», che oggi non può essere fermato. La legge non prevede le doppie personalità che invece, a leggere la cronaca, sembrano crescere ogni giorno. Che sia una caratteristica malsana dei nostri tempi così divisi fra apparenza ed essenza? Intanto però cosa succede? Che Luca Delfino ha incontrato un'altra ragazza: Maria Antonietta Multari di 33 anni che lavora come commessa in un negozio di abbigliamento a Sanremo. Con i suoi modi seducenti e protettivi Delfino la attira in un rapporto da subito molto intenso ed esclusivo. Saltando i tempi del fidanzamento i due vanno a vivere insieme a Ventimiglia. Ci vuole molto fascino e capacità di suscitare fiducia per convincere una ragazza determinata e integra come Maria Antonietta Multari a mettere su casa con un uomo appena conosciuto. La madre e il padre, Rosa e Rocco, sono ostili a questo amore. La madre dice di lui: «Non mi ha mai ispirato fiducia». Mentre il padre si mette a indagare e scopre che il ragazzo è sospettato di un delitto. A questo punto i genitori incalzano la figlia perché lo lasci. Ma Maria Antonietta non ne vuole sapere. Dice che è innamorata e vuole vivere con lui. Dice che Delfino con lei è affettuoso e tenero. E quando la madre le elenca gli indizi che continuano a renderlo sospetto alla polizia, lei risponde: «Lo conosco, non farebbe mai una cosa simile». La dissimulazione funziona, l'inganno procede. Anche negli interrogatori Luca Delfino non dà segni di malessere o disordine mentale. Risponde da persona seria, ragionevole, capace di sentimenti. Dimostra di distinguere il bene dal male. Nega qualsiasi coinvolgimento, e sembra credibile. Insomma dottor Jekyll e mister Hyde erano meno separati e divisi, meno impenetrabili di questi due giovanotti che convivono nello stesso corpo senza conoscersi. Forse la differenza sta proprio in questo: che il dottor Jekyll giudicava con lucidità il suo gemello Hyde e lo temeva, pur assecondandolo e nascondendolo. Mentre queste doppie personalità che abitano le nostre città disastrate, sembrano veramente ignare dell'altro se stesso che portano con sé. Perfettamente doppi e perfettamente interi, perfettamente bugiardi e perfettamente sinceri. Ma Luca Delfino, pur bravissimo nel mostrare la faccia buona al mondo, in casa non riesce a reggere il gioco per lungo tempo. Dopo alcuni mesi di idillio, comincia a comportarsi da marito prepotente e sospettoso. Pretende che Maria Antonietta non vada più a lavorare. Ma poiché lei continua a farlo, prende a picchiarla con la scusa della gelosia: dove vai? chi vedi? con chi parli? con nessuno? non ci credo, e così via. Pirandello ha raccontato molto bene la storia della gelosia casalinga, come nasce e come monta, sino a diventare puro delirio. Anche se la donna non esce di casa, lui sospetta: «Non avrai incontrato nessuno, ma chi hai immaginato di incontrare?». Perché nella gelosia ossessiva perfino l'immaginazione, anzi soprattutto l'immaginazione, diventa colpevole.

Le domande della madre

La madre intanto scopre i lividi che la figlia porta sul corpo e prende a interrogarla. Maria Antonietta all'inizio mente, non vuole ammettere che il suo Luca, per cui ha lottato tanto, sia manesco e mentitore. Anche lei probabilmente pensa, come tante altre donne picchiate, che il suo uomo sia solo un poco troppo possessivo, che la gelosia sia segno d'amore e che gli passerà, a furia di dimostrazioni di fedeltà e amore sottomesso. Ma Delfino, anziché migliorare, peggiora. Oltre a picchiare, comincia a minacciare. A questo punto forse Maria Antonietta inizia ad avere paura. Sa che è sospettato di un delitto. E mentre prima gli aveva sempre creduto quando dichiarava che lui non c'entrava niente, adesso è presa da molti dubbi. Non riesce più a dire: «Lo conosco, non farebbe mai una cosa simile!». Forse in effetti non lo conosce per niente. La madre e il padre sono inquieti. Rosa Multari accompagna la figlia a fare una denuncia ai carabinieri un giorno che la ragazza si rifugia da lei dopo essere stata malmenata. Ma i carabinieri le dicono che non deve drammatizzare. Fra l'altro la figlia non pare convinta. E il giovane, interrogato, ha la faccia tosta di mostrare dei messaggini in cui la ragazza ha scritto ai genitori: «Siete due ignoranti, lasciatemi in pace! Sono sposata con Luca. È un uomo meraviglioso. Voglio vivere con lui». In effetti gli sms provengono dal cellulare di Maria Antonietta, ma Rosa sostiene che Delfino ha sottratto il telefonino alla ragazza per scrivere quelle parole rassicuranti. I carabinieri non danno molta importanza alla cosa. Un luogo comune molto diffuso: si ritiene che chi brontola, urla, minaccia e picchia non sia veramente capace di uccidere. Uno che si sfoga in quel modo difficile che covi progetti assassini. L'idea che l'uccisore sia un uomo astuto, razionalmente forte che prepara la sua trappola con mesi di anticipo, è condivisa da molti. È così che si presenta in quasi tutti i libri gialli che vanno per la maggiore. D'altronde se non agisse in questo modo, sarebbe troppo facile trovarlo. La sola cosa buona che riesce a Rosa Multari è quella di convincere la figlia a lasciare Delfino e cambiare casa. Ma purtroppo non basta a scoraggiare il giovane che, dopo un periodo di tregua, prende a seguirla fino a scoprire la nuova abitazione. Intanto la inonda di messaggini in cui la supplica di tornare da lui. E sembrano messaggi d'amore.

I fiori al negozio

Maria Antonietta però ora non si fida più. Non si tratta solo delle parole della madre che appaiono presaghe della futura tragedia, ma del comportamento di lui che diventa ogni giorno più contraddittorio e delirante: le porta dei fiori al negozio ma il giorno dopo l'aggredisce fino a strapparle a brandelli la giacca, un'altra volta le regala un ciondolo ma poi di notte scavalca il cancello della nuova casa per aspettarla al varco. Inutile che la ragazza e i genitori continuino a presentare denunce. La perfetta doppiezza del giovane convince ancora. Purtroppo però le cose a un certo punto precipitano. Dopo un'altra aggressione e un'altra denuncia, lui grida «Te la farò pagare». E così fa. Una mattina che Maria Antonietta esce con una amica, durante una pausa del lavoro, per andare al solarium di via Volta, Luca la insegue senza farsi vedere, poi di colpo le si para davanti e la colpisce più volte con un coltello. Maria Antonietta si difende, ma non riesce a evitare i fendenti più furibondi, alla gola e al petto. Cade. Viene subito soccorsa da un barista. Intanto qualcuno chiama l'ambulanza che sopraggiunge dopo pochi minuti, ma quando arriva all'ospedale è già morta dissanguata. La polizia ferma il ragazzo che tiene ancora il coltello sporco di sangue in mano. Questa volta non ce l'ha fatta a sparire. Quando lo interrogano risponde: «Non è vero che sono violento, io amo le donne, le proteggo».

13 gennaio 2008

Il mercato mediatico

Ho scritto tante volte, anche in questa rubrica, sulla convenzionalità del linguaggio seduttivo del corpo femminile, mutuato dalla pubblicità ed entrato con tanta prepotenza nelle abitudini del Paese, soprattutto attraverso la televisione. Ormai anche in politica molte donne si presentano in trasmissioni di confronto e discussione con gonne che arrivano alle mutande e scollature ombelicali. Sembrano godere nel dire: guardatemi, sono intelligente, bella e sexy! Senza rendersi conto che quel linguaggio stereotipato messo in moto con il corpo seduttivo, copre del tutto e rende futile il linguaggio del pensiero e delle parole.

In televisione è diventata una regola. Immagino che venga imposta come prassi: che si tratti dell'intervista a un medico sulle cure dell'Aids o che si annunci il clima di domani, che si introduca un talk show nel tardo pomeriggio, o che si presenti un gioco a premi, donne certamente capaci e intelligenti, si sentono in dovere di presentarsi svestite e ammiccanti. È talmente comico vedere nello stesso programma uomini vestiti di tutto punto con camicia, cravatta e giacca, accanto a figurine in sottovesti sempre più succinte che viene da chiedersi: ma ci saranno due climi diversi in quel programma? Come è possibile che lui, tutto vestito, non senta caldo se lei se ne sta seminuda, oppure è lei che soffre il gelo mentre lui se ne sta al calduccio?

Una persona umana, uomo o donna che sia, è fatta di tante cose: un corpo più o meno piacente, certo, ma anche una voce che sappia esprimere idee, una capacità dialettica, uno spessore culturale, uno sguardo intelligente, una gestualità che rivela il carattere. Tutto questo accompagna la presenza di un corpo maschile pensante sullo schermo. Di fronte a un corpo femminile invece è come se una mano brutale spingesse indietro tutto ciò che non è esteriore: quasi che un pensiero originale, un carattere vivo, delle idee personali, una cultura profonda mettessero in pericolo l'equilibrio della trasmissione. Quello che conta è solo la capacità di attrarre lo sguardo e il desiderio maschili. All'inizio probabilmente lo scopo era di vendere prodotti. Ma ormai è diventata una abitudine estesa che comporta voyeurismo e narcisismo. Le donne, salvo poche con un forte senso della dignità personale, si spogliano sempre di più, ritenendo che questa sia la regola del grande mercato mediatico. Se non si adeguano, saranno escluse.

L'immagine che si dà al pubblico è penosa e mortificante. Questo lo diciamo in tante e, posso garantire, lo pensano in moltissime. Ma sembra che il pensiero delle donne sulle donne sia di per sé poco credibile. Per questo sono contenta di sentire la sorpresa e l'indignazione di Adrian Michaels, un giornalista inglese del «Financial Times», che ha parlato di una esposizione francamente eccessiva di corpi femminili, ormai prevalente in tutti i campi del vivere quotidiano. La sua domanda è: ma perché le donne italiane non protestano? C'è in loro un eccesso di timidezza? O è paura di passare per moraliste? Certo molte tacciono per quieto vivere, per non «disturbare il manovratore». L'aria che tira è quella e si preferisce ironizzare anziché stigmatizzare. Ma è vero, come dice Michaels, che a una maggiore libertà di esibizione seduttiva, corrisponde una riduzione delle vere libertà femminili: la libertà di lavoro, di rappresentanza, di promozione professionale, di incarichi di prestigio. Più ci si propone come oggetti di desiderio e meno si conta sul piano professionale e politico. Basterà questo rimprovero straniero a creare una nuova consapevolezza? La risposta della televisione è già pronta: stanno alacremente preparando una serie di trasmissioni costosissime e melense sulla nuova Miss Italia.

17 luglio 2007

La parità non basta

Biagi parla di un palpabile malessere femminile. Possiamo dire che in questi anni questo malessere sia scomparso? Forse in parte sì, se ci riferiamo alla scontentezza nei confronti di un matrimonio vincolante o all'ingiustizia di una legge sulla violenza carnale che non la considerava nemmeno parte offesa. Sia la legge sul divorzio infatti, sia la nuova legge sulla violenza sessuale, hanno riportato l'Italia sul piano degli altri Stati europei, anche se in ritardo. Oggi possiamo dire che sulla carta la parità di diritti fra uomini e donne è un fatto compiuto. Ma tanto è facile cambiare una legge quanto è difficile trasformare una mentalità. Un esempio? La legge dice che a parità di lavoro le donne devono essere pagate come gli uomini. Ma i dati dell'Istat dimostrano che ci sono ancora forti differenze, a volte di due o tre punti, fra il salario di una donna e quello di un uomo, soprattutto nell'industria privata e nelle professioni libere.

Guardando la questione dal punto di vista generale: molte cose sono cambiate per le donne e in meglio. Ma stiamo parlando di quel giardino privilegiato che è l'Europa. Appena ci si allontana di qualche centinaio di chilometri, si entra in mondi punitivi e difficilissimi per il genere femminile: donne che non hanno neanche il diritto di voto, donne a cui sono interdette quasi tutte le professioni, bambine che non possono andare a scuola, bambine vendute e comprate, avviate alla prostituzione, donne lapidate perché adultere, donne sottoposte a una legge religiosa che le considera proprietà del marito e del padre...

Uno potrebbe dire: tutto questo non ci riguarda, sono altri

Stati, altre culture, lontane da noi. Il problema è che con la globalizzazione, queste culture sono diventate vicinissime e spesso ci sono entrate direttamente in casa. La storia di Hina, scannata dal padre e dai fratelli perché voleva la sua libertà d'amore, e poi sepolta in giardino come un cane, ci pone degli interrogativi molto concreti e gravi. Il caso di cronaca infatti non ci mette solo di fronte a un delitto barbaro ma a una mentalità che stride con la nostra. Il padre e i fratelli di Hina hanno agito tutti d'accordo: la parte maschile della famiglia si è fatta complice di un delitto che in altri tempi avremmo chiamato d'onore. Ovvero essi hanno agito in Italia come avrebbero agito al loro Paese: se una ragazza macchia il sentimento dell'onore di famiglia, secondo la sensibilità della comunità intera, va eliminata e nel modo più brutale.

Di fronte a fatti come questi dobbiamo chiederci: fino a che punto possiamo accettare che gli immigrati rimangano fedeli alle loro culture? Fino a che punto dobbiamo essere comprensivi e rispettosi delle tradizioni di un Paese, anche quando queste ci appaiono aberranti e incomprensibili, anche quando contraddicono il nostro senso della dignità della persona? E fino a che punto possiamo pretendere che gli stranieri si adeguino alle nostre leggi, che imparino la nostra lingua, che si comportino secondo le nostre sensibilità, le nostre conquiste che consideriamo importanti e decisive e di cui siamo orgogliosi?

Credo che questi siano i punti su cui la società italiana dovrà interrogarsi nel prossimo futuro e prendere delle decisioni precise, chiare. Le incertezze, le esitazioni, le false pretese di tolleranza, non possono che guastare i rapporti con i nostri ospiti e fare proliferare la pratica clandestina degli usi più aberranti.

19 aprile 2007

Il coraggio del cambiamento

La famiglia è il grosso problema del tempo che stiamo vivendo. Messa in crisi la sua struttura verticale e l'autorità del Pater familias, il nucleo affettivo perde sicurezza e fiducia nel futuro. L'emancipazione femminile, la legittimazione della omosessualità, i nuovi diritti civili, hanno mandato per aria i tradizionali valori familiari. Alcuni uomini, e ripeto solo alcuni perché non è una questione di genere ma di cultura, insomma coloro che identificano la propria virilità con il possesso, non riescono a tollerare queste alterazioni. Di fronte al no della donna che credevano di possedere e controllare, sprofondano in una crisi talmente violenta che preferiscono uccidere piuttosto che cedere. Naturalmente in quell'uccisione c'è dentro anche la propria morte. Infatti spesso si suicidano. Non è un caso che tutta la letteratura mondiale si stia concentrando sulle difficoltà della famiglia. Persa quella contadina coi suoi valori e gerarchie, come creare una nuova unità che sia coerente con le conquiste, o per lo meno con quelle che alcuni considerano conquiste di libertà e altri invece considerano perversioni e perdita di valori antichi? Gli scrittori sentono la crisi e cercano di entrare nel cuore della piccola comunità degli affetti raccontando i timori, i rifiuti, la violenza di alcuni, controbilanciati dalla serena accettazione di altri che comprendono e condividono la necessità delle innovazioni. È chiaro che ogni diritto nuovo distrugge un antico privilegio.

Ma sta proprio nella cultura democratica e riformatrice insegnare ad affrontare queste privazioni con intelligenza e fattività. Purtroppo in questo momento lo sgomento sta diventando contagioso e i votanti preferiscono volgere gli occhi a un passato tradizionale piuttosto che a un futuro difficile da armonizzare. Ma è come mettere un cerotto su una piaga. I cambiamenti si affrontano con coraggio cercando di trarne il meglio, non mettendo la testa sotto la sabbia. Alla lunga non può che vincere chi si adatta ai cambiamenti, che non sono dovuti a malvagità o perversione, ma ai grandi mutamenti della storia: il raddoppio della durata della vita, le conquiste della scienza, la facilità della mobilità e dei rapporti, l'accesso delle donne alle professioni tradizionalmente maschili, il desiderio di libertà contro ogni dogma repressivo, fanno lievitare nuove paure viscerali difficili da interpretare e regolare.

6 settembre 2022

Una prevenzione senza macabri simbolismi

«In Lombardia d'ora in poi i feti sotto i 5 mesi di gestazione avranno diritto a una sepoltura a carico della famiglia o, se questa non se ne occupa, della struttura sanitaria dove è avvenuta l'interruzione volontaria di gravidanza. Previsto anche per i genitori che ne fanno richiesta, di celebrare un funerale.» Tutto questo è molto lodevole. Immagino che presto saranno proposti funerali per gli embrioni e perché no, per gli spermatozoi o per gli ovuli fecondati ma non andati a termine.

Il problema purtroppo sta altrove. Non si può sempre cominciare dalla coda, accanendosi sui risultati presentati come cause, un atteggiamento tipico dei moralisti di tutti i tempi.

L'aborto è da considerarsi una ferita che viene inferta sul corpo della madre e un taglio crudele al progetto di una vita da mettere al mondo. Ma vogliamo vedere e capire, con un minimo di consapevolezza storica, da dove viene e come nasce l'aborto? O preferiamo, con cecità integralista, rendere ancora una volta le donne colpevoli di una pratica che non è la causa, ma il risultato di una cultura che preferisce ipocritamente rimediare anziché prevenire? Vogliamo ricordare che per secoli e secoli alla donna è stato proibito di scegliere se fare o non fare figli? Del suo grembo si occupavano mariti, padri, medici, famiglie, Chiesa, Stato, tutti salvo lei, l'interessata. Non le è mai stato concesso di rifiutare un figlio concepito, perfino dopo una violenza, salvo ricorrendo all'aborto clandestino. Che era tollerato, anzi spesso incoraggiato, anche se legalmente e moralmente rifiutato. Pur di mantenere là il controllo morale e legale sulla natalità, si preferiva chiudere un occhio. Questa è la ragione per cui, in tempi di rivendicazione, le donne hanno preso l'aborto come una bandiera di libertà. Ma si tratta della bandiera stracciata degli schiavi. Per conquistare un minimo di potere decisionale, dovevano fare del male a se stesse e al figlio che avevano concepito. Possiamo chiamarla libertà quella di nuocere a se stesse?

Chiunque pretende di combattere l'aborto deve dimostrare di impegnarsi nella politica della prevenzione, altrimenti è solo un retore. Ma chi ha mai proposto storicamente altre facoltà di scelta alle donne fertili, salvo la castità? Vogliamo ricordare che fino a pochi anni fa non si poteva nemmeno parlare di anticoncezionali? Non era permesso né venderli né pubblicizzarli. La Chiesa tutt'oggi proibisce i contraccettivi, perfino quando si sa che servono per prevenire una malattia orribile come l'Aids che sta distruggendo molti Paesi africani. E quanto conti la Chiesa nel nostro Paese, lo stiamo vedendo in questi giorni.

L'alternativa all'aborto è una maternità responsabile non il macabro simbolismo del funerale dei feti. Sono disposti, questi campioni della morale pubblica, ad aiutare le donne a non abortire? Quindi a prevenire la gravidanza? Ovvero dare loro tutte le possibilità per non rimanere incinte se non lo vogliono? Sono disposti a liberalizzare e fare conoscere i metodi anticoncezionali ancora così poco diffusi e praticati nel nostro Paese? Sono disposti a farne materia di insegnamento, propagando la cultura della libera scelta? Sono sicura che direbbero di no, perché la libertà di decisione incoraggerebbe l'autonomia femminile, che ancora mette inquietudine e incute paura.

Ricordiamoci che da quando l'aborto è stato legalizzato, è diminuito del 40%. E sarebbe calato ancora di più, se la pratica non fosse passata dalle italiane, oggi più consapevoli, alle straniere che lavorano da noi e spesso sono messe nella condizione disperata di rinunciare a ogni possibile gravidanza.

13 febbraio 2007

Donne abusate, violenza crescente

La prima cosa che notiamo è che tutti o quasi tutti gli abusi e le prepotenze avvengono fra persone che si conoscono, si frequentano o addirittura convivono. Nel caso delle uccisioni, i delitti da parte di mariti, amanti, fidanzati è la regola. Lì dove c'è stato un amore, troviamo improvvisamente un odio furente e insensato. E ogni volta la violenza esplode quando lei si sottrae ai maltrattamenti di lui e mostra la voglia di andarsene.

Fra gli stupri, i più eclatanti si trovano tra i giovani che assalgono le coetanee. E non si tratta solo di ragazzi di periferia, emarginati e quindi rabbiosi e rivoltati, ma spesso di bravi figli di professionisti, ragazzi abbienti e istruiti, frequentatori di pessimi siti pornografici e privi di educazione ai sentimenti. L'ho scritto tante volte, ma sento il bisogno di ribadire: lo stupro non riguarda solo la violenza fisica, ovvero i lividi e le lacerazioni che possono guarire, ma ha un valore simbolico arcaico e guerresco: quello esemplare e mitico del cavallo di Troia che distrugge il futuro della città in cui si introduce con l'apparenza di un atto semplice e usuale. Il seme inserito con l'astuzia e la forza nel ventre della donna, distrugge la sua identità futura. È come introdurre il proprio io dominante dentro un corpo passivo che viene confermato nella sua impotenza. E questo comporta una ferita interiore che non si rimarginerà mai.

La principale risposta alla domanda del perché di tanta crescente ferocia credo si possa trovare nella reazione inconsapevole ma profonda alle nuove autonomie femminili. Queste libertà faticosamente conquistate creano crisi di identità in molti uomini fragili e impauriti che pensano di risolvere le frustrazioni accanendosi sul corpo delle donne. La soluzione? Le manette non bastano. Serve una presa di coscienza collettiva, ovvero una maturazione culturale che per il momento sembra sopita, con pericolo di necrosi.

29 agosto 2023

Lo Stato proponga un funerale solenne

Sul marmo di un obitorio giace un corpo straziato di ragazza che finora non ha avuto sepoltura. La famiglia paterna l'ha già sepolta, la povera Hina Salem, come un gatto che si è rivoltato contro il padrone, ucciso a cuor leggero e sotterrato nel giardino dietro casa. Sento alla radio che la madre di Hina è tornata dal Pakistan, che sarebbe pronta a denunciare il marito per l'assassinio della figlia. Segno che le donne pachistane, anche in condizioni di assoggettamento, anche all'interno di una tradizione che le vede come proprietà comune su cui è lecito ogni arbitrio, possono affrontare l'autorità del capofamiglia e dissentire dal suo comportamento disumano. Sappiamo che non si è trattato di un atto di violenza compiuto lì per lì, in un trasporto di ira. Sappiamo che l'uomo si è fatto aiutare a uccidere la figlia ragazzina dal cognato e dal fratello. Quindi possiamo parlare di un processo e di una condanna familiare che assomiglia a tante altre di cui abbiamo letto in testimonianze di mogli e figlie che in qualche modo sono riuscite a sfuggire alla logica dispotica del patriarcato più truce. Di fronte alle questioni di onore le mogli di solito acconsentono all'esecuzione delle figlie. Come potrebbero fare altrimenti? Sono prigioniere anch'esse di una legge patriarcale che precede la religione musulmana. Certamente Maometto non ha mai detto né scritto che un padre ha il diritto di ammazzare una figlia perché disobbedisce alle regole severe del fanatismo religioso. I fondamentalismi d'altronde, tutti, usano la religione come una clava. Stabiliscono regole brutali che applicano ai più deboli, allontanandosi così dalle parole del profeta, che, si tratti di Cristo o di Maometto, sono sempre parole ispirate alla saggezza e alla tolleranza. Ma coloro che dominano in nome delle religioni hanno sempre mostrato una grande attenzione al comportamento sessuale delle donne. Le donne partoriscono e dai loro corpi dipende il futuro di una nazione, la sopravvivenza di una cultura, di una tradizione. Il controllo della sessualità femminile è, assieme alla decisione di intraprendere guerre e di comminare la pena di morte, fra le prime preoccupazioni di ogni governo confessionale.

Dove trovare una Antigone che seppellisca un corpo così ingiustamente maltrattato e reciso anzitempo? Dove trovare la pietà per una ragazza coraggiosa che ha affrontato, sapendo di rischiare la vita, un padre padrone grossolano e violento?

Perché lo Stato italiano non si prende carico di questa morte, non propone funerali ufficiali per una ragazza coraggiosa che sapendo di rischiare la vita si è battuta per la propria libertà?

Veltroni, il sindaco di Roma, si è già offerto per un funerale ufficiale che dia dignità e onore alla ragazza uccisa. Sarebbe un esempio di comprensione, una indicazione sul senso che si potrebbe dare al difficile processo di integrazione riguardante tanti immigrati che lavorano e vivono nel nostro Paese. Incoraggiare chi si integra, chi cerca di diventare italiano, punire chi pretende, venendo da noi, di continuare ad applicare leggi arcaiche e disumane.

21 agosto 2006

Il primato delle casalinghe

In questi giorni abbiamo scoperto che le donne italiane hanno un primato: sono quelle che dedicano più tempo alla pulizia della casa. Un bel primato: brave casalinghe e brave massaie passano un'ora più delle altre europee a lustrare, spolverare, lavare e sciacquare. Sarebbe interessante indagarne le ragioni storiche.

La notizia mi ha fatto venire in mente un articolo letto recentemente sul prestigioso «Newsweek», in cui si diceva che, «con tutte le favole di eguaglianza che l'Europa racconta a se stessa, il vecchio continente è il posto meno adatto per donne che aspirano al potere». Secondo dati pubblicati dall'International Labour Organization, le donne che hanno posti di decisione in America sarebbero il 45%. In Gran Bretagna invece sono il 33%. In Svezia, Paese considerato il centro dell'eguaglianza fra i sessi, sono solo il 29%. Le italiane poi sono fra le ultime, solo il 18%, sostiene Stephen Glain, l'autore dell'inchiesta.

Eppure le donne europee lavorano. Costituiscono nell'insieme il 57% della forza lavoro. Ma quando si tratta di «raggiungere i posti di comando» insiste l'autore dell'indagine pubblicata nel febbraio 2006 «rimangono decisamente indietro rispetto alle americane». E perché mai? La risposta è curiosa e suona anche cinica, ma pretende di essere pragmatica e logica: l'Europa danneggia le sue donne con un eccesso di cura e di protezione. Lasciandole a casa per mesi e mesi dopo il parto, spingendole a preferire i lavori a mezza giornata, incoraggiandole a scegliere la via della rinuncia anziché quella della competizione e della concorrenza, le donne sono mantenute in seconda linea. Oltretutto tagliando le gambe ai talenti femminili, continua l'autore, con la complicità dei sindacati che non hanno mai riflettuto in termini di reale parità. E per parità s'intende l'apporto che l'ingegno femminile può dare in termini di qualità del lavoro. Le donne sono concentrate in Europa soprattutto negli incarichi statali, osserva Glain. Metà delle lavoratrici svedesi sono impiegate nel settore pubblico mentre in Inghilterra sono il 30%. In America invece le donne nei posti pubblici sono solo il 19%. Naturalmente si tratta di una finta realizzazione, sostiene l'autore, perché nel settore dei servizi le donne ottengono posti sicuri ma meno pagati e meno di soddisfazione. Insomma le americane rendono di più perché sanno di non potere contare su nessuna protezione e sono lanciate nella competizione: imparare o affogare.

Il ragionamento mi sembra contorto. Non credo proprio che la ragione del mancato accesso ai posti di decisione venga dal fatto che le donne europee sono più protette. Sarebbe come dire che, non disponendo di un sistema di assistenza medica allargata ai più poveri, l'America costringe gli ammalati a guarire prima. O a morire prima, si potrebbe aggiungere. Credo piuttosto che conti l'idea che le donne si fanno di se stesse. Un'intricata rete di abitudini mentali che precedono le leggi di protezione e probabilmente le condizionano. Certamente l'Europa ha una minore potenza tecnologica, cammina con piedi di piombo, tiene la testa rivolta al passato. Ma non è detto che il sistema di protezione comporti una minore capacità di combattere e di farsi valere. Piuttosto pensiamo alla forza del cattolicesimo che impone ancora una sua idea arcaica di famiglia, di divisione dei compiti. Pensiamo alla storia contadina che incombe nella memoria collettiva con i suoi divieti, le sue distribuzioni dei ruoli, le sue paure, le sue stagnazioni autoritarie. E pensiamo a quanto le donne abbiano assorbito e fatto propri alcuni tabù religiosi e politici sul potere femminile come fonte di disordine e di paure del profondo. Sono queste le vere difficoltà, gli inciampi che impediscono alle donne di accedere alle leve del potere.

9 maggio 2006

Stato e Chiesa separati: l'Islam moderato

Si parla tanto di un Islam moderato, democratico, che crede nei diritti dell'uomo e molti sembrano incapaci di trovarlo.

Mi è capitato di incontrare alcune donne tunisine in un convegno organizzato dall'associazione Italia-Tunisia e da Livia Turco l'8 di marzo. A sentirle raccontare, si tratta di un Paese laico, che sta combattendo felicemente l'invasione dell'integralismo religioso. «L'oscurantismo ha fallito la sua pretesa di prendere in ostaggio il nostro Paese. La reazione non è venuta solo dai governanti ma da tutti i tunisini che stanno difendendo coi denti il loro Statuto personale varato nel '56.» Lo Statuto personale ha costituito una vera e propria rivoluzione rispetto a codici tradizionali islamici. Questo non vuole dire che la Tunisia abbia smesso di essere religiosa, ma sta attuando faticosamente la divisione fra Stato e Chiesa.

Lo Statuto personale, accompagnato da un nuovo codice penale, ha eliminato la punizione per le adultere, ha reso fuorilegge la poligamia, ha dato diritto di voto e uguaglianza di salario alle donne, ha stabilito leggi più severe per le violenze in famiglia, ha introdotto il divorzio anche quando è richiesto dalla moglie oltre che dal marito, ha proibito il matrimonio per le ragazze sotto i 17 anni e per i ragazzi sotto i 20, ha stabilito che nelle coppie si può usare il regime di comproprietà. Oltre naturalmente a sancire il diritto di libertà di stampa, a ratificare senza riserve la convenzione delle Nazioni Unite del 1988 contro la tortura, a stabilire la libertà di culto per tutte le religioni, garantendo i diritti delle minoranze. Ha permesso ai lavoratori di costituirsi in sindacati non controllati dal governo. I cittadini inoltre possono ricorrere ai referendum per quanto riguarda il loro futuro.

I risultati? 11% di donne in Parlamento (più che in Italia dove ci siamo fermati al 9%); 20% di personale femminile nei consigli municipali. La speranza di vita è aumentata da 67 a 73 anni con l'uso e la diffusione della medicina moderna. Le donne oggi sono fiere di costituire il 25% dei magistrati, il 31% degli avvocati, il 42% del corpo medico, il 72% dei farmacisti, il 34% dei giornalisti. Sembrerebbe un Paese felice. Le cose sono certamente più complicate, ma non c'è dubbio che è uno dei pochi Paesi islamici che resiste con successo all'invasione del fanatismo religioso e noi dovremmo conoscerlo meglio e praticarlo di più di quanto facciamo. «Spesso le leggi sono all'avanguardia rispetto alle tradizioni più arretrate» spiega Neziha Zarrouk «e io mi sono anche chiesta: si può cambiare la società con le leggi? La risposta è sì, se c'è la voglia di cambiare, se c'è fiducia nei propri governanti.» Le donne sono fra le prime a volere fortemente l'applicazione dello Statuto personale, che dà loro tanti diritti negati alle loro nonne e bisnonne.

L'incontro è stato organizzato proprio per cercare punti di contatto più concreti fra Islam e Cristianesimo, attraverso la grande rete delle organizzazioni femminili. Dialogo e conoscenza sono le parole d'ordine, centralità della persona, rispetto della dignità femminile. Qui si è aperto un dibattito sull'uso più o meno forzato del velo. In certi casi si tratta di una tradizione repressiva, in certi altri no, è una scelta di «pudore». La parola è stata colta al volo da una donna italiana che si è chiesta se il concetto di pudore non sia stato completamente travisato nel nostro processo di emancipazione, scambiando la licenza per libertà, il commercio del corpo femminile per indipendenza. In questo senso forse potremmo imparare qualcosa dal sentimento del pudore, visto non in senso religioso e repressivo, ma laico e sacrale, come di qualcosa che noi occidentali, che ci pretendiamo emancipati, abbiamo completamente perso di vista.

14 marzo 2006

Perché tante astensioni al referendum?

Cosa ha portato le donne a votare contro i propri interessi, in un impeto di masochismo involontario? Cosa ha spinto tante donne a restare in casa anziché andare a difendere la propria autonomia? Si può capire la Chiesa che difende i suoi principi, anche se si tratta di principi astratti, poco confacenti alla realtà del Paese e all'intelligenza delle cose. Si può capire chi vuole, per ragioni politiche, favorire un ritorno al confessionalismo.

Ma le donne che pagheranno sul proprio corpo queste nuove leggi, come mai hanno disertato in massa i seggi? Eppure le molte voci che si erano sentite prima del referendum parlavano di una nuova consapevolezza che attraversa i partiti e le tendenze politiche. Sembrava che il messaggio fosse arrivato, che le donne avessero riflettuto e capito quali interessi fossero in gioco. E invece, al momento opportuno, si sono tirate indietro, impaurite, chissà, incredule di potere decidere veramente sul proprio destino. Ancora una volta, per soggezione, per sfiducia, fuori dalla storia, come se fosse troppo reclamare di non soffrire per aver un figlio, di non essere condannate per concepire in caso di sterilità. Un corpo che è stato per troppo tempo definito da altri, programmato da altri si sente fragile di fronte a una scelta che è anche politica oltreché personale.

Mi ero rallegrata come tanti altri per la miccia accesa dal Papa Wojtyla con il suo richiamo all'amore fra i popoli, alla pratica quotidiana della pace, alla amicizia fra le religioni, alla richiesta di perdono per gli errori passati della Chiesa. Sono mancate le scuse alle donne per tutto quello che la Chiesa ha detto e fatto contro di loro, ma forse ci saremmo anche arrivati, di perdono in perdono, se il Papa fosse vissuto qualche anno di più. È stato bello vedere tanti giovani al suo funerale, sentire tanto entusiasmo per la preghiera e la pace. Ma credevo che l'entusiasmo non mettesse in discussione il fatto che la vera salute della Chiesa consiste proprio nella sua separazione dallo Stato, lasciando da parte la brutta abitudine di manipolare e dominare il comportamento dei cittadini italiani, quasi fossero tutti sudditi del Vaticano. Si direbbe che la paura del terrorismo abbia riportato indietro la storia, abbia insufflato nelle giovani menti una rinnovata voglia di protezione: rifugiarsi nel più forte per vincere ogni incertezza, affidarsi alle sicurezze antiche, quelle più consolanti e riconosciute.

Oggi ci troviamo più sole, più indifese, più sfiduciate, meno libere; alla ricerca disperata di padri potenti e protettivi, pronte a dimenticare le conquiste delle nonne e delle madri che tanto hanno fatto per rendersi autonome. Quello che succederà purtroppo sarà l'allargamento dei divari che separano le persone povere dalle persone ricche. Le prime, volendo un figlio, andranno a farsi aiutare, pagando fior di quattrini, in Spagna, in Inghilterra, in Francia, in Olanda. Le altre resteranno in Italia e dovranno o rinunciare a fare un figlio, o sottoporsi a dolorose e pericolose manipolazioni ormonali. In quanto alla ricerca scientifica, si farà lo stesso ma altrove, poiché i nostri migliori ricercatori saranno costretti a espatriare. Inoltre, dopo questa vittoria, è facile immaginare che si metterà in discussione la legge sull'aborto: se un embrione è già persona, figuriamoci un feto di qualche mese!

Ho scritto più volte che non ritengo l'aborto una vera conquista, ma certamente la legge era necessaria per trasformare una tragedia clandestina in una scelta razionale che deve precedere una cultura della maternità responsabile, sola alternativa all'aborto. Ma tornare indietro alle leggi restrittive significherebbe solo favorire l'aborto clandestino e l'industria della interruzione di maternità non volute.

Temo che ci aspettino tempi di oscurantismo!

17 giugno 2005

Una pietra sopra

I giudici del tribunale religioso hanno confermato la condanna alla lapidazione per Amina Lawal, la giovane madre che ha avuto un figlio fuori dal matrimonio. Del perché, in un Paese democratico e in parte cattolico e animista, debbano essere gli inquisitori islamici a emettere sentenza di morte contro una cittadina della Repubblica, è un mistero. Ovvero sappiamo, per conoscenza storica, che appartiene a quel genere di abusi per cui anche da noi l'Inquisizione invadeva e utilizzava i luoghi del giudizio civile per condannare a morte qualsiasi cittadino che non si sottoponesse alle leggi della Chiesa. La magistratura civile acconsentiva e i governi e lo Stato tacevano imbarazzati, come succede oggi in Nigeria.

L'Inquisizione usava la tortura e il supplizio in nome di un dio severo e vendicativo. I cattolici più sensibili e ragionevoli non approvavano, comprendendo la natura arbitraria e violenta, spesso fine a se stessa, di tale rigore cieco e morboso che non corrispondeva agli insegnamenti del Cristo.

Così oggi chi ama veramente il Corano si ritira scandalizzato di fronte a questa interpretazione faziosa, spietata e ingiustificata del giudizio divino. C'è sempre un dio sanguinario e feroce dietro a queste pratiche di potere. Erano i più deboli e i più umili che pagavano allora sotto l'Inquisizione, e ancora oggi sono i più deboli e i più umili, le donne soprattutto, in un regime patriarcale e teocratico, le vittime preferite dell'intolleranza religiosa.

Per i severi giudici della Sharia dovranno essere i compaesani di Amina Lawal a scavare la buca in cui seppellirla. E questo certamente per renderli complici. Non basta condannare l'adulterio infatti, ma si dovrà diventare boia fra i boia ufficiali, per eseguire una punizione che viene anticipata come collettiva. Tutti conniventi e tutti partecipi, nessuno risulterà innocente di questa condanna a morte. Con la ferocia di un rito arcaico, la donna sarà calata nel fosso scavato dai suoi stessi concittadini, da coloro che la conoscono, che l'hanno vista bambina, e poi adulta, giovane sposa e poi madre. Da coloro che hanno lavorato la terra con lei, che hanno mangiato con lei nei giorni di festa, che hanno raccolto la legna, trasportandola poi per chilometri chiacchierando d'amore, gli stessi con cui è andata mille volte alla fonte per prendere l'acqua per cucinare e lavare. Ci sarà pure l'uomo che è giaciuto con lei, ma che non verrà punito, perché la legge religiosa non lo ritiene responsabile.

I giudici controlleranno che il corpo della giovane donna sia ben sepolto nella fossa verticale, lasciando allo scoperto solo le spalle e il collo che dovranno, assieme con la testa, fare da bersaglio alle pietre. Le braccia saranno ben serrate sotto la terra, in modo che la donna non possa difendersi, proteggersi gli occhi, la fronte, la bocca.

A questo punto comincerà il lancio delle pietre che saranno raccolte e ammonticchiate da una parte. Qualcuno avrà pure calcolato quante pietre occorreranno per darle la morte. E non saranno pietre troppo grandi che la ucciderebbero subito, né troppo piccole che la ferirebbero soltanto. L'agonia dovrà essere prolungata e spettacolare. Dovrà pur imparare qualcosa la peccatrice prima di morire, no? Ma soprattutto dovranno imparare le altre donne che rimarranno in vita, ma attanagliate per sempre dalla paura.

Si può immaginare che le tante persone che conoscono Amina e l'hanno vista crescere, rimarranno un poco incerte, un poco perplesse: come colpire una vicina di casa, la loro amata nipote, la loro cugina, la compagna di giochi, a pietrate? Qualcosa di umano si muove nelle loro coscienze addormentate: veramente Allah vuole che noi uccidiamo questa donna solo perché ha avuto un figlio? Ma ci sarà il guardiano della Sharia che inciterà a procedere: dirà loro che il mondo si è guastato, la corruzione è entrata nelle case come una serpe, bisogna scovare questa serpe, schiacciarle la testa e scuoiarla per il bene di tutti. Quindi agguanterà con una mano una pietra, la prima, e la lancerà prendendo la mira. Starà attento a non colpire la condannata sulla fronte né sulla nuca. Lo spettacolo finirebbe subito. Quindi centrerà l'attaccatura dei seni, lì dove la giovane madre ha tenuto abbracciato il figlio perché si abbeverasse al suo seno. Quel figlio che, per volere di un dio insensato, da domani rimarrà orfano e solo.

Di fronte all'inerzia un poco pavida degli astanti, sarà forse un ragazzo ad afferrare con qualche titubanza e una smorfia di piacere un'altra pietra. Nella sua mente resiste preciso il ricordo di un ceffone datogli dalla donna il giorno che aveva sporcato un suo vestito appeso al sole. La pietra arriva rapida, potente e colpisce la donna sul naso. L'effetto è proprio quello desiderato dai giudici. La donna non ha ferite da suscitare pietà, ma il suo naso sanguina e il sangue prende a colarle copioso sul mento, sul collo, sul seno. Questo sì che è uno spettacolo degno di essere osservato! Il sangue chiama sangue, si sa, gli animi si surriscaldano e le pietre cominciano a volare rapide e precise.

Ma smettiamo di immaginare una scena che ancora è lontana da venire e che speriamo davvero che non avvenga mai. Se ho insistito sulle immagini è perché le parole spesso sono troppo astratte. Lapidazione: tutti la pronunciano questa parola, ma non sanno bene come si svolga la cerimonia arcaica.

Il diritto di immaginazione è quello che fa l'uomo libero. Le religioni infatti temono come la peste l'immaginazione che fa maturare desideri illeciti, suscita dubbi, cova intelligenze segrete. Io chiedo ora, in nome di questa immaginazione e della pietà che la anima, di muoversi, di darsi da fare con lettere e telegrammi all'ambasciata nigeriana in Italia o al ministero degli Esteri a Lagos, per impedire che lo scempio si compia.

21 agosto 2002

Vis grata puellae?

La normalità dello stupro? È questo che fa paura, che crea scompiglio, agitazione? Dei bravi ragazzi affettuosi in casa, dediti al lavoro, di colpo sequestrano una ragazza di 16 anni, la violentano, la prendono a botte e la depositano mezza morta su di un prato.

Si dice: è la droga. Volevano farla prostituire per smerciare la droga. Lei non era d'accordo e perciò la hanno picchiata. La stessa cosa è successa a Palmina Martinelli e poiché neanche le botte in quel caso hanno avuto successo, i bravi ragazzi hanno finito per bruciarla viva. Ma la cosa grave è che alla fine, dopo vari processi, la colpevole è risultata solo lei.

Il fatto è che dietro alla droga, dietro alle urgenze di un bisogno tutto nuovo, metropolitano, si nasconde una antica ideologia, un antichissimo mito.

Si dice: lo stupro è sempre esistito. Verissimo. Probabilmente non era visibile perché non se ne parlava. Non si vede ciò che non si nomina. Lo si rende inesistente. Esso rimane fuori dai confini della nostra coscienza che, evidentemente, si nutre più di nomi che di cose.

Ma come lo si nomina oggi lo stupro? Questo è il punto. Sono le donne che con coraggio per la prima volta insieme hanno fatto delle analisi profonde sul fenomeno. Per il mondo del pensiero maschile lo stupro è rimasto un meccanismo fatale, misterioso e ineluttabile.

Lo provano le migliaia di libri in cui le donne sono viste come suscitatrici di violenze che poi si torcono contro di loro.

Lo provano le migliaia di spettacoli teatrali e televisivi in cui il corpo delle giovani donne viene esibito, ammiccante e acconciato secondo gli stereotipi del desiderio maschile, quasi quel corpo fosse privo di pensiero, di parole e di volontà.

A volte sembra che il desiderio femminile non esista affatto, quasi fosse solo lo specchio fedele di quello maschile. Il fatto è che le donne sono da sempre abituate a reprimere il loro desiderio, considerandolo una pianta che si concima solo col proprio pensiero e che spesso non arriva a mostrare le foglie fuori dai confini della propria immaginazione. Mentre l'uomo si è sempre arrogato il diritto di soddisfare il suo piacere, anche contro la volontà della persona che l'ha suscitato.

È proprio in quel diritto tutto storico e culturale che sta il male. Un diritto a cui molti non sono disposti a rinunciare, costi quel che costi, perché in esso solo riconoscono la propria identità di uomo.

Esiste un mito del «piacere di essere violentate» che è largamente alimentato dagli scrittori di tutti i tempi. Proprio giorni fa leggevo il libro di un giovane scrittore che stimo: Roberto Pazzi. E mi stupivo di trovarvi ancora viva la convinzione, anche se trasferita a un personaggio, che le donne desiderino essere prese con la violenza.

E cosa dire di un bellissimo classico moderno ormai letto nelle scuole come *Il Gattopardo*, in cui l'autore trascrive compiaciuto le parole di un suo personaggio su una storia di violenza mancata? Dei giovani garibaldini buttano giù la porta di un convento... «tutto deserto ma in un angolo si sentono degli strilli disperati: un gruppo di suore si era rifugiato nella cappella vicino all'altare... era buffo vederle brutte e vecchie come erano nelle loro tonache nere, con gli occhi sbarrati pronte e disposte al... martirio. Guaivano come cagne».

Questo mito del diritto allo stupro da una parte e del piacere della violenza dall'altra crea nella coscienza dei più l'idea che chi stupra certamente esagera, certamente turba la pace comune e quindi è da punire, ma in fondo non fa niente altro che seguire la Natura, l'Istinto (cose che un gentiluomo tiene controllati, s'intende), andando incontro senza saperlo o volerlo al profondo anche se taciuto desiderio femminile di violenza. Da qui l'accanimento delle madri, degli amici contro la ragazza che è stata occasione di stupro. È lei che doveva nascondersi, sottrarsi, rimanere in casa. Ogni uscita è un invito, una provocazione. Non a caso si dice «provocatore» di un uomo e di una ragazza «provocante».

Spesso le donne, per quell'ambiguità dei rapporti che le legano ai loro carnefici, soprattutto se questi sono stati da esse amati, fanno proprie le fantasie del desiderio maschile rivivendole in proprio. Ma una cosa sono le fantasie e una la realtà. Nessuna fantasia di stupro può legittimare una violenza e su questo la legge fa bene a essere severa.

21 luglio 1988

Guida all'esercizio pratico della prostituzione*

Si scrive molto sulla prostituzione. Escono di continuo libri di documentazione e di saggistica sul commercio del corpo femminile. In libreria sono apparsi tra gli altri l'ironica e impassibile *Guida all'esercizio pratico della prostituzione*; il bellissimo *Quartetto* di Kate Millett; il bruttissimo *Orgasmo di regime* che raccoglie le memorie (insignificanti e visibilmente false) di una tenutaria del fascio che non a caso cita solo clienti morti che non possono smentirla; una tecnica *Storia della prostituzione* pubblicata da Dall'Oglio; un moralistico *Sfruttamento della prostituzione* della Cedam di Padova; è annunciato, inoltre, il *Diario di Ulla* della Musumeci di Aosta.

Si è sempre detto che la prostituzione è l'ancora più solida cui sta legata la barca sgangherata e logoratissima della famiglia tradizionale. «Nel mondo moderno monogamia e prostituzione sono certo antagonisti, ma antagonisti inseparabili, poli opposti nel medesimo stato di cose nella società. Può scomparire la prostituzione senza trascinare con sé, nell'abisso, la monogamia?» scriveva Engels nell'*Origine della famiglia, della proprietà privata e dello Stato*; e voleva anche dire: può scomparire la monogamia senza trascinare con sé nell'abisso la prostituzione?

Eppure, sta succedendo qualcosa che Engels non aveva previsto: la famiglia è in crisi, la monogamia come struttura sociale è in disfacimento, eppure la prostituzione è più forte che mai

* «Tuttolibri», 25 settembre 1976.

e non accenna affatto a sparire. Anzi, a sentire le inchieste che ogni tanto vengono fatte dai sociologi, la prostituzione è in aumento e quello che diminuisce semmai è l'età della donna venduta come merce.

Ma ecco, in questa parola «merce» sta il segreto della contraddizione: alla prostituzione come necessario corollario della forzata fedeltà coniugale della moglie borghese si è sostituita la prostituzione da reificazione.

Gli uomini e le donne si sono trasformati in prodotti di consumo, solo che gli uomini sono merci di tutti i generi, mentre le donne costituiscono soprattutto una merce sessuale. Gli uomini vendono il cervello e le braccia nel grande mercato del commercio umano che è la società capitalista. La donna, in questo mercato, può vendere le braccia e il cervello come l'uomo. Ma sono poche in realtà a farlo. La maggioranza è costretta a regalare le sue braccia in cambio di un tetto e di che coprirsi e mangiare (la casalinga a tempo pieno, l'83% delle italiane). Il mercato è sempre aperto però alla vendita del sesso femminile. Da questo punto di vista la richiesta non manca mai, poiché sono sempre gli uomini che conducono gli affari, che tengono i soldi in mano e decidono i prezzi.

«La retorica della rivoluzione sessuale» scrive la Firestone nella *Dialettica dei sessi* «se non ha portato alcun miglioramento nelle donne si è rivelata molto preziosa per gli uomini, convincendo le donne che complicati giochi di difesa erano spregevoli, sleali, puritani, fuori moda e autodistruttivi. Si è creato un nuovo serbatoio di donne disponibili per aumentare la scarsa offerta di merci sul mercato del tradizionale sfruttamento sessuale, privando così le donne anche di quel poco di protezione che avevano dolorosamente conquistato.»

Ebbene, questa ultima facilitazione avrebbe dovuto dare un colpo mortale alla prostituzione di tipo tradizionale. Ora non è più un problema per l'uomo trovare con chi fare l'amore. Ma la distruzione del tabù della castità femminile (che in realtà corrisponde a un ennesimo impedimento alla libera scelta sessuale da parte della donna) non ha scalfito il grosso commercio del corpo femminile.

I clienti, poi, non sono soltanto quei maschi che per l'età o lo sgradevole aspetto o la povertà di mezzi sono in qualche modo privati della possibilità di trovare donne libere e consenzienti.

Allora? Si tratta solo dell'abitudine a comprare ogni cosa per cui se l'uomo non paga il sesso sembra di goderlo di meno? Questa è una spiegazione superficiale. In realtà, quello che sta all'origine sono i miti culturali dell'erotismo mercenario, dell'avventura di strada, della donna-peccato-lussuria-clandestinità-rischio-giarrettiera nera.

Il mito culturale è accompagnato però sempre più dalla paura. Il maschio tradizionale vede messa in discussione la sua supremazia nel rapporto uomo-donna e trova più sicuro e meno impegnativo provarsi con le prostitute anziché con le donne del suo giro. Per la strada tutto è semplice e scontato: si sceglie, si paga, ci si sfoga e via.

Insomma, non è più la morale tradizionale della «moglie per dovere e puttana per piacere», delle «cose che si possono fare con certe donne, ma non con chi si ama», bensì di un atto di lugubre ossessivo onanismo maschile. Fare l'amore con una prostituta vuol dire fare l'amore con se stessi, e l'immagine suscitata artificialmente del proprio potere sociale e della propria amata e vezzeggiata virilità.

«L'anguilla della mia coscienza»

Pochi giorni fa Rossana Rossanda avrebbe compiuto 100 anni. Se chiudo gli occhi posso sentire la sua voce calma e ragionevole, la sua risata leggera e ironica.

Sono contenta di averla conosciuta, come si è contenti quando si è conosciuto il meglio del Paese. Rossana aveva una testa ariosa e abitata da venti agili e spediti. Non si accontentava dei pensieri stabiliti ma cercava continuamente qualcosa di nuovo. La sua capacità di ragionare era lì, vigile, a osservare e analizzare la realtà. L'ho conosciuta in un incontro femminista. Sapevo che, da comunista della prima ora, aveva delle diffidenze sul movimento delle donne che, secondo la vulgata, era una espressione del capitalismo borghese. Ma la sua curiosità e la sua intelligenza hanno avuto la meglio sulle prevenzioni e presto l'ho sentita vicina sia nelle considerazioni che andavamo facendo sulla storia, sia sulla volontà di creare nuovi valori che nascessero dalla coscienza femminile e non dalla prestigiosa tradizione dei Padri. D'altronde era proprio la sua capacità di capire l'evolversi della storia che l'aveva portata a condannare l'invasione dell'Ungheria del '56. Qualcosa che assomiglia all'invasione dell'Ucraina oggi. Solo che allora l'Europa e l'America non hanno mosso un dito e la coraggiosa rivoluzione ungherese antisovietica è stata schiacciata brutalmente e il democratico Nagy ucciso come nemico. Il modo in cui Rossana rifletteva sul significato di essere comunisti credo che abbia dato fastidio a chi credeva che la fedeltà fosse più importante della chiarezza. Ma il comunismo, da grande ideale di uguaglianza e libertà, era diventato con Stalin un ottuso e violento capitalismo di Stato. Un regime burocratico e totalitario che non tollerava pensiero critico. Il giudizio di Rossanda, che oggi trovo profetico, lo si può trovare nel libro *Un viaggio inutile*, in cui spiega come il comunismo sia «finito malamente». E quando gli ideali si smorzano, i popoli possono entrare in uno stato di passività e inerzia che crea paralisi politiche e sociali. Ne consegue un sonno che genera mostri, come racconta Goya, un vuoto che viene riempito dai più arcaici e brutali comportamenti della gente. Inviterei chi vuole capire meglio quello che sta succedendo oggi nel mondo a leggere o rileggere *La ragazza del secolo scorso* e anche *Questo corpo che mi abita*, profonda riflessione sul rapporto fra corpo e pensiero in tempi di consumi e narcisismi. «Il corpo per me», scrive Rossana, «è l'anguilla della mia coscienza». Non si poteva dire meglio di così.

28 maggio 2024

Elsa Morante e le nostre risate

Ho conosciuto Elsa Morante attraverso un libro che ho molto amato: *Menzogna e sortilegio*, un romanzo che mi ha affascinata quando ero adolescente e vivevo a Palermo. Allora andavo a scuola e ricordo che avevo unito due passioni, quella per *L'Estate* di Vivaldi che ascoltavo giorno e notte, e il racconto della orfana Elisa e dell'amore per il capriccioso e crudele cugino Edoardo. Nella mia mente di ragazzina il concerto e il racconto si tenevano compagnia, erano l'uno il commento dell'altro, combaciando perfettamente nella loro grazia sapiente.

Qualche anno dopo ho avuto modo di conoscere Elsa attraverso Patrizia Cavalli, che era sua amica. Elsa era così ironica e spiritosa che mi ricordo rideva storpiando il nome di Patrizia Cavalli in Plebea Somari. In realtà amava e stimava le poesie di Patrizia, ma era nel suo carattere di scherzare e giocare. Quante volte abbiamo giocato a indovinare i personaggi attraverso la descrizione di cibi e oggetti! Se fosse una torta che tipo di torta sarebbe? E se fosse un frutto che frutto sarebbe? E così via. Ricordo che proprio quando stava in ospedale dove poi sarebbe morta, nel 1985, una mattina sono andata a trovarla, e lei, appena mi ha visto, ha detto: giochiamo a indovinare? E mi ha posto degli indovinelli difficilissimi. Dopo molte risposte sbagliate ha finto un broncio da bambina e mi ha detto: ma come, non hai riconosciuto il nostro amico Pier Paolo?

Le urla in strada

Quando l'ho frequentata lei era innamorata di Bill Morrow, un ragazzo molto bello e molto provocatorio, che si drogava per disperazione, aveva un bel talento per la pittura ma non faceva niente per farsi conoscere e apprezzare. Elsa, con l'aiuto di Alberto, gli ha organizzato una mostra a Roma. Ma poi Bill è partito per New York e in preda alla droga, si è buttato dalla finestra. Elsa ha sofferto moltissimo di quella morte. Si è chiusa in casa e non voleva più uscire. Con lei c'era un amico comune, Giuseppe Cupane, che l'ha accudita e convinta a tenersi in vita, perché lei avrebbe voluto morire.

Elsa era una donna vulcanica, estroversa, fiera delle sue doti e del suo talento. Per lei non esistevano mezzi termini: o tutto o niente. E questo non ha aiutato i rapporti con Alberto, che invece era riflessivo, razionale e portato all'incontro anziché allo scontro.

Famoso l'episodio di un giorno in cui i due, marito e moglie, hanno ricevuto la raccolta di poesie di un amico appena uscita in libreria. Elsa l'ha letta di un fiato e ha decretato che quelle liriche non le piacevano. Proprio mentre lo diceva al marito si è accorta che il suddetto poeta stava passando dall'altra parte della strada. Elsa si è fermata, l'ha salutato e poi gli ha gridato: «Il tuo libro è bruttissimo». Alberto ha cercato di trattenerla, non voleva offendere l'amico, soprattutto con una frase gridata da una parte all'altra della strada. Ma Elsa sosteneva che bisogna sempre dire la verità e lo faceva anche pagando dei costi severi. Il poeta si è offeso e non ha più voluto vederli...

Dietro il gioco però c'era un carattere drammatico e addolorato. Elsa andava incontro alla vita con la spada in resta, pronta ai combattimenti più sanguinosi, ma nello stesso tempo disposta a compatire e comprendere e amare il nemico, proprio come i grandi cavalieri occitani che le erano cari, sempre animata da passioni sincere e totalizzanti.

Il legame matrimoniale fra Elsa e Alberto era morto, ma lei non voleva divorziare. Sapeva benissimo che una giovane appena tornata dal Giappone si era innamorata di suo marito e che i due pensavano di andare a vivere insieme, e accettava la cosa come naturale. Infatti spesso ci vedevamo in tre o con amici. Credo che considerasse il matrimonio come un legame spirituale che non si poteva rompere per nessuna ragione. Io infatti ho sempre rispettato questo suo sentimento come legittimo e non ho mai preteso una unione istituzionale.

Ricordo diversi Natali in via dell'Oca quando Elsa preparava un grande cesto pieno di regali da cui gli ospiti dovevano pescare. In quel paniere c'era di tutto: pacchetti che la padrona di casa si era divertita a infiocchettare. Piccole e grandi scatole e buste che contenevano a capriccio sia un semplice portachiavi oppure una minuscola e preziosa radiolina, una sciarpa di seta oppure un calzascarpe. Gli amici pescavano, scioglievano il complicato nodo del nastro colorato, strappavano la carta mentre tutti gli occhi erano puntati sulla sorpresa: qualche volta dentro un pacchetto dall'appariscente fiocco dorato si nascondeva solo un pezzo di carbone. Tutti ridevano alla delusione del malcapitato.

Come una bambina

Elsa gongolava. Le piaceva sorprendere, sia nel bene sia nel male. In quei momenti sembrava una bambina e io provavo una grande tenerezza per lei, per il suo modo felice di creare un ambiente di amicizia e stupore, per il suo amore impossibile. Bill infatti era omosessuale e lei pativa della doppiezza di quel giovane carattere che pretendeva di tenersi in equilibrio fra una scelta e l'altra. Oggi penso che il segreto del suo amore potesse venire da una lontana sognata discendenza provenzale. Era la nostalgia per quelle virtù cortesi che animavano un mondo di cavalieri e dame, in cui l'amore non era mai sessuale, ma ispirato e trascendente. Il cavaliere aveva una vita sessuale terrena fatta di quotidianità e regole prevedibili. Poi eleggeva un amore assoluto ed eterno per una donna il cui corpo non avrebbe mai visto nudo, ma di cui avrebbe denudato l'animo con pudore e gentilezza. Era il tipo di rapporto che aveva Pier Paolo Pasolini coi ragazzi che amava di amore erotico e passionale, mentre conservava l'amore puro e sacrale per la madre che lo guidava per le vie misteriose del paradiso, come faceva Dante con Beatrice.

I racconti su Lucia

Dario Bellezza aveva tentato di conquistare l'amore di Elsa, ma non ci era riuscito e lei lo trattava con una infantile e fantasiosa crudeltà. Dario, offeso, una volta si è piantato sotto il portone di casa Morante con un cartello in mano in cui si dichiarava modello di un personaggio della scrittrice e per quello pretendeva una ricompensa in denaro. Inutile dire che Elsa l'ha scoraggiato ridendogli in faccia.

Io ero felice che Elsa mi trattasse da amica. Da giovane scrittrice in prostrata ammirazione per la capacità affabulatoria altrui, mi emozionavo ad ascoltare i suoi racconti. Mi piaceva sentirla parlare di Lucia, la sua governante tuttofare, che era una sorella più che una domestica. Lucia sembrava uscita dai suoi romanzi, era una sua creatura come lo erano i gatti che animavano l'attico romano e riempivano le sue giornate. Coda, Mezzacoda, Spartano, Adriatico, i gatti agivano in quella casa come le creature di inchiostro che popolano i suoi libri: ingenui, candidi, imprevedibili, crudeli, struggenti, deliranti.

Come tutti i grandi scrittori, Elsa viveva in un mondo parallelo, il suo mondo creaturale, fatto di amori febbricitanti, di umiliazioni e glorificazioni inaspettate, di delizie e terrori che riuscivano e riescono ancora a comunicare emozioni ai suoi lettori.

Ricordo le critiche sprezzanti all'uscita di *La Storia*. Non capivo da cosa provenisse tanta rabbia e disprezzo. Soprattutto i critici dell'avanguardia si sono avventati contro di lei, chiamandola scrittrice per sartine, sentimentale, prevedibile, ottocentesca. Mi ha fatto pensare a Dickens quando ha pubblicato *Oliver Twist*, che fu un enorme successo popolare, e i critici letterari lo fecero a pezzi considerandolo uno scrittore per servette, sdolcinato e patetico. E invece oggi sappiamo che è uno dei capolavori della letteratura europea.

Ho visto due degli episodi della *Storia* andati in onda sugli schermi italiani, e sono contenta che abbiano subito attirato l'attenzione del pubblico. Francesca Archibugi ha fatto un ottimo lavoro e il personaggio di Ida è interpretato con straordinaria profondità e grazia morantesca da Jasmine Trinca.

4 febbraio 2024

Cara Letizia

L'ultimo messaggio vocale lasciato alla sua redazione da Letizia Leviti, la giornalista di Sky Tg24 morta nei giorni scorsi ha una forza che ci riguarda tutti. Vi invito ad andarlo a sentire. Ascoltandolo mi è venuta spontanea la voglia di abbracciarla, ma non potendolo fare, le scrivo una lettera-abbraccio che spero la raggiunga da qualche parte.

Cara Letizia, ma allora è vero quello che dicevano i romani: muore giovane chi è caro agli dei! Hanno bisogno, quelle creature imperfette troppo simili a noi, di trovarsi vicino delle persone generose, rette e coraggiose come te. Chissà se in questo momento ti stanno offrendo un buon bicchiere di vino addolcito dal miele. Io non ti ho mai conosciuta, ma ascoltando la tua voce umile, gentile e pensosa mi è sembrato di averti accanto. Sarei rimasta ore a riflettere sulle tue parole che sono serene e dispensano serenità in un momento così drammatico in cui la morte ti sta portando via, come si porta via, senza nessuno scrupolo, tanti giovani innocenti. Il mondo sarebbe decisamente migliore se tutti coloro che sono vicini alla fine si comportassero con la tua grazia.

So bene che la malattia è una cosa e la scelta della morte propria e altrui per rancori sepolti e rabbia contro il mondo è ben altra cosa. Ma se in questi giorni di innamoramento della morte, tu avessi potuto parlare a chi sta male, a chi vuole morire e uccidere nello stesso tempo, sono sicura che avresti potuto fermarlo. Perché è l'esempio che galoppa, l'emulazione che prende alla gola.

Il tuo razionale e modesto addio assomiglia, nella sua purezza e determinazione, all'addio di Olympe de Gouges che andò docile alla ghigliottina sapendo che la carta dei diritti delle donne che aveva redatto era la cosa giusta da fare. Anche tu dici che bisogna dire la verità a chi legge, non ingannarlo mai.

Il lavoro, ripeti, è ricerca della verità, quindi dubbio, fatica, riflessione, senso della responsabilità. Ed è straordinario che non si avverta nessun rancore, nessuna rabbia, nessun ricatto sotteso nella tua bella voce che si commiata.

«Vi lascio qualcosa di me,» dici sorridente «non ho tanta voglia di andarmene, ma devo farlo, la vita non la decidiamo noi, però non vi lascio del tutto, ruzzolerò da qualche pagina di giornale, vedrete, e vi ricorderete di me.»

Sta a noi infatti farti vivere e tenerti qui in terrazzo, anche se il tuo corpo è volato via.

Perché abbiamo tanto bisogno di esempi di umiltà, saggezza e coraggio. Ma soprattutto abbiamo bisogno di amore per il mondo, per gli altri, per le cose, come dici tu, Letizia, che sei morta ieri lasciandoci tutti più soli.

Grazie di cuore per averci consegnato questo esempio di ferrea e dolcissima serenità.

25 luglio 2016

Il caso Sabbadini

Un caso eclatante di disparità è quello di Linda Laura Sabbadini, declassata dall'Istat con l'argomento del turn over. Parola ambigua che si presta a molte ingiustizie. Linda Laura Sabbadini è entrata all'Istat giovanissima, quando non era ancora laureata. Ha fatto enormi sacrifici per studiare e lavorare nello stesso tempo, passando da semplice impiegata a ricercatrice, vincendo tutti i concorsi nazionali, diventando uno dei direttori più apprezzati. Linda infatti è stata la prima – lei generosamente ripete che l'ha fatto con l'aiuto di tanti collaboratori preparati e appassionati – a costruire le statistiche di genere, inesistenti fino ad allora. Si è impegnata sulle discriminazioni per origine etnica e di genere, cercando di mettere in evidenza gli stereotipi culturali più comuni, indagando sul senso civico degli italiani, sui rapporti in famiglia, sull'atteggiamento verso i diversi, sulla situazione urbana, sui consumi energetici eccetera. Insomma ha rivoltato il metodo di ricerca che è passato dalla pura economia al sociale, collaborando con le varie associazioni civili quali la Caritas, il Centro nazionale del volontariato, i sindacati, le associazioni di categoria, Legambiente, il Wwf, Italia Nostra, le comunità scientifiche, l'associazionismo femminile. Apprezzata per queste innovazioni, ha ricevuto incarichi internazionali, nelle commissioni europee, nell'Ocse, nei gruppi Onu che fanno indagini sulla violenza contro le donne e i bambini. È stata inserita nel volume delle 100 eccellenze italiane. Come in una farsa, proprio nel momento in cui veniva riconosciuta internazionalmente per la sua competenza è stata declassata: da direttrice è stata rimandata al ruolo di semplice ricercatrice. Un'azione anche simbolicamente grave, come dire alle donne: state attente, il valore non conta, contano le gerarchie di genere e noi sappiamo come farle rispettare.

19 aprile 2016

Differenti punti di vista

Se aprendo il giornale incontrassimo notizie come quelle che leggiamo tutti i giorni, ma rovesciate: «una donna uccide il marito e i figli ad accettate», «una ragazza strangola il fidanzato e lo getta nel fiume in un sacco della spazzatura», oppure «una donna uccide con quarantadue coltellate il convivente e poi va al bar», e ancora: «una donna violenta un bambino, lo massacra di botte e poi lo scaraventa fuori dalla finestra», ovvero «un gruppo di studentesse fa bere vino drogato a un loro compagno, lo violenta e poi lo lascia tramortito in mezzo alla strada», cosa direbbe la gente?

Possiamo immaginare l'orrore. Il genere femminile verrebbe condannato in blocco come mostruoso, un pericolo per l'umanità. A volte basta ribaltare le notizie per capirne la gravità. Possiamo dire di assistere oggi a una mattanza, ma non casuale: si tratta di una risposta, quasi un'offensiva terroristica, contro le donne che si stanno conquistando sempre più autonomia e dignità. Quindi una guerra fra i sessi, per destino biologico? Certo che no: qualsiasi divisione basata sulla biologia approda al razzismo. Le donne non sono meno violente dei maschi, solo che hanno imparato storicamente a sublimare. Lo fanno spinte dal bisogno di consenso e affetto. La bambina viene costretta a sublimare da subito, subendo a volte vere violenze psicologiche. Il bambino, spinto a considerarsi il centro dell'universo, padrone del proprio futuro, fa più fatica a controllare gli istinti. Questa divisione dei compiti, che sembra obsoleta, funziona ancora e ha forti valenze simboliche. Ricordiamo comunque che a ogni diritto conquistato corrisponde un privilegio perso. Tutti sono buoni a esaltare i diritti umani in astratto, ma se questi diritti toccano i privilegi considerati propri per natura e destino, si diventa ciechi, pronti a tutto per mantenerli. Da quando le donne, in famiglia, hanno iniziato a pretendere autonomia e libertà, quegli uomini che caparbiamente identificano la loro virilità con il possesso, sono entrati in crisi e credono, come tutti i deboli, che le cose si risolvano con la forza bruta. Il rimedio? Imparare a sublimare. La forma più alta dell'educazione e della presa di coscienza.

20 febbraio 2018

Stravaganze e orgogli di Frida Kahlo

Strano trovarsi in una città sobria e puritana come Vienna, a fare la fila assieme a tanti viennesi che hanno posato le biciclette all'ingresso, per visitare una mostra organizzata da una delle più grandi banche europee, su Frida Kahlo, la comunista dal pensiero ribelle e la vita scandalosa.

«Né tu né io siamo capaci di dipingere una testa come sa farlo Frida» pare abbia detto Picasso a Diego Rivera nell'ammirare i quadri della giovane pittrice. Eppure in Messico Frida era considerata solo la moglie di Rivera, il grande cantore di un popolo dalla storia travagliata. Una donna stravagante e orgogliosa, dalle sopracciglia che si univano al centro della faccia scura, una leggera traccia di baffi sulle labbra carnose e sensuali, gli occhi scintillanti e decisi, la sigaretta sempre accesa fra le dita, i capelli intrecciati arditamente con nastri, fiocchi, fiori, uccelli, quasi un giardino barocco su una testa azteca. Frida amava i colori e le forme precolombiane. Ma era figlia di ebrei tedeschi emigrati in Messico nei primi anni del Novecento.

La mostra è intelligentemente raccontata. Accanto a ogni quadro c'è la storia del Paese, degli amici e degli amori dell'autrice. La quale, pur avendo subito a 18 anni un terribile incidente che la rese disabile e zoppa, amò e fu amata da persone straordinarie come Trotzkij, Breton, Picasso. Era bellissima, di una bellezza ferita e sanguinante. I suoi quadri lo raccontano ossessivamente: Frida in piedi, quasi nuda, il corpo perfetto tempestato di chiodi. Dal collo alle gambe la carne è aperta e si vede una colonna greca spezzata in più parti. Eppure intorno a lei giocano scimmie, pappagalli, farfalle. Frida vive in una voliera. Che è prigione e giardino delle delizie nello stesso tempo.

Diego Rivera, il pittore più popolare e osannato del Messico, fu un marito tenero e traditore, a volte crudele, ma innamorato. Tanto da sposare per due volte la sua Frida. Quanto abbia contato nelle loro vite la presenza di Trotzkij, ucciso a picconate in una casa amica, è difficile dire. Frida gli diede amore, Diego non seppe difenderlo dall'assassino mandato da Mosca. Era fedeltà al comunismo, quello di Stalin che stava sterminando i suoi nemici? Era paura?

In un altro quadro una grande dea precolombiana di pietra grigia, dal cui seno gocciola latte, tiene fra le braccia una Frida vestita di rosso, che a sua volta regge un Rivera bambino rattrappito e nudo, con un terzo occhio sulla fronte, ma cieco. Qualcosa sfuggiva allo sguardo acuto e preveggente dell'artista. Ma forse la tela più struggente è quella che mostra una cerva dalla faccia di donna, che corre in un bosco. Il corpo è trafitto da frecce, come un san Sebastiano ferito, ma non soggiogato, mentre sul fondo si intravvede un mare in tempesta. Sono quadri che parlano di un corpo femminile che patisce ma si agghinda a festa per resistere alle sofferenze. Un corpo che capovolge ogni sconfitta in trionfo. Nessuno come Frida Kahlo ha saputo raccontare, con ritmo, colori e forme fatate, il dolore che non chiede pietà, non chiede compassione, ma pretende amore, riconoscimento e fiducia.

5 ottobre 2010

Le donne nate da un uovo

Una lunga, interminabile notte londinese dove tutti gli orologi inspiegabilmente, però, sono fermi alla mezzanotte. La scena è il camerino angusto, polveroso di un'affascinante trapezista che se ne sta seduta al centro, stretta in una vestaglia unta e sdrucita, col trucco di scena ormai sfatto, intenta a bere champagne, un bicchiere dopo l'altro. Le sono accanto la sua fedele tata e un giovane giornalista, Walser, che è andato lì per intervistare quel fenomeno che fa parlare di sé tutta la città, ma ancora non sa che proprio quella donna sta per cambiare il corso della sua vita con la confessione di una storia straordinaria.

«Proprio così, sono uscita da un uovo» dice lei candida. E il racconto della femmina uccello diventa subito seducente anche se il linguaggio di Angela Carter è spesso duro e sfrontato, ma ha il potere di trascinarci nei suoi mondi fantastici. Grande seguace di William Blake, di Mary Shelley e persino di De Sade, la Carter riesce a far diventare favola tutto quello che tocca. Moltiplica i personaggi come solo nelle fiabe è possibile. Ciascuno di loro, e sono tantissimi, porta con sé una storia surreale, ma al di là della costruzione fantastica di questo o quell'altro eroe, tutti combattono la propria battaglia per la vita, tra bene e male, tra finzione e realtà, e il mondo che li circonda è buio e pieno di insidie.

La storia di Fevvers, questo il nome della donna, comincia con tono di insolente dichiarazione: «Sono stata allevata in un bordello e, già che ci siamo, le dirò che ne sono orgogliosa perché le mie madri non mi hanno mai rivolto né una parola sgarbata né un gesto scortese, anzi, mi hanno sempre dato il meglio di tutto e non c'è stata sera in cui non fossi nel mio lettino, su nell'attico, alle otto in punto, prima dell'arrivo dei clienti ricchi, quelli che rompevano i bicchieri...».

Ma nulla sembra appartenere al mondo reale: eventi, situazioni, personaggi hanno la maschera della finzione e, del resto, lei stessa lo dichiara: la realtà è solo una triste prigione. «Walser conobbe la libertà che si cela dietro la maschera nella dissimulazione, la libertà di giocare con il proprio essere e con il linguaggio...» *Notti al circo* però, con ironia pungente e spregio delle regole, via via che procediamo nella lettura, sembra volere rivelare una specie di manifesto della visione del mondo dell'autrice, della sua filosofia di vita. Importante prima di tutto è coltivare una fervida immaginazione, bandire ogni tipo di pudore, giocare col dolore. Tutto questo la mette quasi sempre dalla parte delle vittime consenzienti, ma al momento opportuno le fa fare giustizia degli oppressori.

Il circo viene preso come microcosmo esemplare dove andare a scovare tutto il marcio, gli intrighi del mondo, ma anche il grande potere della seduzione che spesso inganna chi ci vive dentro. E sarà proprio la forza seduttrice della bella e misteriosa trapezista a convincere Walser a seguirla nel suo lungo peregrinare col circo. E tra i tanti personaggi stravaganti che incontrerà, una più di tutti lo commuoverà al punto da prenderla sotto la sua protezione.

«Le percosse avevano segnato di viola, di verde e di giallo la pelle di Mignon. Ma non erano tanto i lividi nuovi che si fondevano con quelli in via di sparizione, sovrapposti a loro volta ad altri già spariti, a colpire l'osservatore, quanto il fatto che Mignon era come appiattita dalle botte; era stata picchiata fino a perdere tutto lo splendore dell'adolescenza, picchiata fino a mostrare la trama, e più che picchiata, trebbiata o martellata fino ad assumere lo spessore di una lamina di metallo.»

Notti al circo viene pubblicato nel 1984, ovvero in piena era femminista, e l'autrice, impegnata sul fronte dei diritti delle donne ma sempre un po' in polemica con qualsiasi presa di posizione ufficiale, denuncia e rivendica quello che le donne dovrebbero pretendere. A un certo punto leggiamo: «Personalmente sono convinta che una ragazza dovrebbe far fuori da sola i suoi stupratori», e ci pare di sentirla ridere della sua enorme provocazione. Intanto scrive un saggio sulla pornografia che verrà molto criticato, nel quale sostiene che la pornografia, naturalmente quella degli artisti, siano essi uomini o donne, non può che costituire una autentica libertà per entrambi i sessi.

Sboccata, controcorrente, ma con un'immaginazione così focosa da renderla unica nel panorama letterario inglese di quegli anni, la Carter è soprattutto una donna che si è sempre buttata nella mischia senza paura di soccombere, e ha creduto nei valori del femminismo anche se in una interpretazione tutta sua, senza mai rinunciare al suo fervido immaginario poetico.

Nei barocchismi sbalorditivi l'autrice conserva un suo ordine matematico: posiziona i suoi personaggi su uno scacchiere dove tutti devono corrispondere a una sola ragione, quella coinvolgente e provocatoria del suo pensiero di vincitrice, contro tutti i conformismi, ma anche contro gli anticonformismi, in una continua negazione della negazione. Mille e mille sono le storie che saltano fuori come grilli dall'erba alta e tutte meritano di essere raccontate. Sembra di guardare un film dove qualsiasi persona che compare in scena, anche quella che si scorge un momento sul fondo, appare credibile. Angela Carter stravolge, burla, capovolge, deride, gettando trabocchetti dappertutto, ma per lei è una sola legge a governare il mondo, la legge del desiderio. Desiderio di rinascita, desiderio di vendetta, desiderio di annullarsi nel piacere, desiderio di conquista, desiderio di saltare e volare.

La sua passione per l'invenzione di storie fantastiche le fa rivisitare una serie di fiabe antiche e moderne raccontandole però in quella chiave blasfema che le è congeniale. Il fatto che abbia scritto diversi radiodrammi ci fa capire che le sue storie in fondo hanno sempre bisogno di una voce che le racconti, una voce dura e tenera secondo le esigenze, burlona e rabbiosa, trasformista come può esserlo per l'appunto l'abitante di un circo, la cui vita sta fra la strada e il palcoscenico.

Le sue descrizioni, d'altra parte, hanno una forte impronta

pittorica, ricalcano le pennellate delle tele espressioniste, dal colore che vira alla satira, e dove le forme sono volutamente distorte, come cacciate a forza sotto una lente d'ingrandimento che ne rivela i dettagli mostruosi. Il romanzo si svolge alla fine dell'Ottocento, a cavallo del nuovo secolo che dovrà portare novità importanti in tutti i campi, ma l'autrice sembra dirci che non si sono fatti ancora i conti con tutti gli errori, le ingiustizie che il mondo dovrà affrontare.

La sua vitalità linguistica, visionaria, debordante appartiene a chi va oltre i luoghi comuni, oltre la storia, oltre gli eventi, per fare i conti sempre e soltanto con i diritti dell'essere umano. E le donne, come riferimento principale, sono quelle alle quali questi diritti sono stati negati.

Parlando di una di queste sue creature, una donna perennemente addormentata, scrive: «Che straordinario destino il suo: appartiene a un sonno più vitale della vita stessa, un sogno che annulla il mondo...». In molta parte del suo lavoro, Angela Carter sembra voler sottolineare la gratuità di molte conquiste del nuovo secolo, amplificando a ogni piè sospinto il suo divertito e beffardo «io però non sono d'accordo». Unica concessione: il finale, dove, nonostante tutti gli orrori e i ghiribizzi del destino, l'amore trionfa su tutto.

6 febbraio 2017

Un appello per Sakineh

Un caso urgente: si tratta di Sakineh Mohammad Ashtiani, condannata alla lapidazione dal tribunale religioso – che coincide con quello civile – e detenuta nel braccio della morte del carcere di Tabriz, a nord-ovest dell'Iran. Non è lei a chiedere solidarietà ma i due figli adulti che supplicano il mondo di intervenire.

Già molte organizzazioni internazionali, guidate da Amnesty International, si stanno dando da fare. Ma il caso è complicato. La donna di 43 anni è in prigione da cinque. I giudici si fanno forti della sua confessione. Sakineh ha ammesso non uno ma due adulteri. Per questo è stata condannata a morte per lapidazione, secondo le leggi della Sharia. Ma Sakineh ribatte che la confessione le è stata estorta con le nerbate. Per due dei cinque giudici religiosi non ci sono prove certe sulle sue colpe. Intanto la protesta mondiale cresce. E i giudici, preoccupati per l'immagine del loro Paese, hanno sospeso la lapidazione. Non siamo mica ai tempi in cui si sbudellavano i nemici, si impalavano i prigionieri di guerra, si strangolavano le adultere e si tagliava la mano ai ladri. Come possono delle autorità religiose riportare alla luce queste barbarie? Forse rinunceranno alla lapidazione, perché un poco se ne vergognano di fronte all'opinione pubblica, ma ribadiscono subito dopo che la condannata sarà impiccata. Insomma non hanno nessuna intenzione di rilasciare la detenuta.

Anche gli uomini adulteri vengono lapidati seppure più raramente. La legge religiosa dice però che l'uomo deve essere sepolto fino alla vita, con le braccia fuori, e se riesce a liberarsi e scappare durante la lapidazione, può ritenersi libero. Mentre una donna deve essere sepolta fino alle spalle, braccia comprese. Situazione da cui è quasi impossibile liberarsi. Anche se esistono testimonianze che una volta (1994) nella cittadina di Arak una donna sia riuscita a scappare dalla fossa dove era stata calata. Però non l'hanno lasciata libera. E nonostante la testa spaccata e un occhio caduto sulla guancia, l'hanno legata a un palo e fucilata. Di un'altra donna, Zoleykhah Kadkhoda, si sa che, lapidata nel 1997 e dichiarata morta, si risvegliò all'obitorio, fu portata all'ospedale e le sue condizioni migliorarono. Ci furono discussioni fra i guardiani della fede per decidere quando e come ricacciarla nella fossa e finire la lapidazione. Ma qualcuno insinuò che poteva trattarsi di un segno divino e, anche grazie alla mobilitazione internazionale, la donna fu graziata.

Voglio ricordare la scrittrice e avvocata iraniana Mehrangiz Kar che ha subito quattro anni di carcere tornando in Iran da una conferenza fatta a Berlino, dove aveva detto: «Se in una nazione metà della popolazione è soggetta a violenza economica, fisica, emotiva e personale dalle leggi del Paese, e i diritti umani delle donne non sono una questione nazionale, allora cos'è una questione nazionale?».

27 luglio 2010

L'8 marzo e la gatta di Alice

Ora che ci siamo abituate a festeggiare l'8 marzo, con lo spolverio dorato delle mimose, ora che ci siamo abituate a ricordare con compassione quelle cento ragazze morte nella filanda di Chicago durante uno sciopero, ci vengono a dire che non è vero niente: non c'è mai stato un incidente di quel genere, non c'è nemmeno mai stata una fabbrica bruciata a Chicago. E, colmo dei colmi, non è vero che Clara Zetkin abbia proposto la giornata come un anniversario per le donne di tutto il mondo.

Ma allora cos'è? abbiamo festeggiato una «commovente invenzione»? abbiamo reso simbolico un fatto mai esistito? abbiamo glorificato uno scherzo, una goliardata, un falso storico?

C'è qualcosa di emblematico in tutto questo. Non a caso riguarda un anniversario femminile. Chiunque faccia indagini sul passato privato e collettivo delle donne si troverà davanti a sorprese di questo genere: Giovanna D'Arco? forse non è mai esistita, forse era un uomo, nessuno ne sa niente. Gaetana Agnesi, si dubita che abbia scritto di suo pugno quei meravigliosi trattati di matematica. Isabella Morra? non si sa quando sia morta e come. E Veronica Franco? andò a finire in un manicomio o in un ospizio per i poveri? Non si sa, le notizie sono contraddittorie, non c'è niente di certo.

Il passato delle donne è una foresta piena di nebbia. Può succedere a chi ci si avventuri di vedere apparire improvvisamente una gatta in cima a un ramo spoglio.

La vecchia gatta sorride maliziosa e poi scompare. Intanto la regina dalle grandi gonne scarlatte grida «tagliatele la testa, tagliatele la testa». Essa sa bene che i suoi ordini feroci equivalgono allo schiocco di un paio di forbici da carta.

Anch'io sono divisa: se mi guardo indietro mi sembra di vedere solo macerie di cui vorrei liberarmi. Eppure so che assieme alle macerie butterei via qualcosa di me che ancora mi appartiene.

Siamo così brave nello spazzare via le briciole del banchetto che noi stesse abbiamo cucinato e portato in tavola. Non dobbiamo correre a preparare un altro pranzo? i mariti e i figli aspettano. E chi ha tempo di pensare a quella gatta che sorride maliziosa e poi scompare.

Ma scompare perché non ha corpo, o perché ne ha solo una metà, o addirittura perché è fatto a fette in modo tale che non potrà mai considerarsi un gatto intero?

Oggi l'8 marzo sorride come la gatta di Alice. Ci dice che c'è ma che forse non c'è. Basta chiudere gli occhi un momento per vederla ridotta a una bocca che penzola come una luna caduta.

Ma visto che non siamo buoni archeologi del nostro passato, non sarà il caso che impariamo a goderci di questo nostro esserci e non esserci come di una particolarità in fondo curiosa, ricca di possibilità?

8 marzo 1987

Caro Papa Francesco

Caro Papa Francesco,

le stavo spedendo alcune parole di sincero e affettuoso ringraziamento per la bellissima lettera che ha voluto scrivermi rispondendo all'invito che le abbiamo inviato per il festival del Teatro sull'acqua gestito da Luca Petruzzelli e della cui regia artistica mi occupo da anni, quando ho ascoltato le sue sorprendenti parole sulle prossime votazioni americane.

Lei afferma che fra Donald Trump e Kamala Harris non ci sono differenze, perché l'uno vuole cacciare gli emigranti dal Paese lasciandoli morire e l'altra rivendica l'assassinio dei bambini nella pancia delle madri che dovrebbero nutrirli e metterli al mondo.

Quindi: «votate per il male minore», ha concluso salomonicamente.

Mi perdoni se mi permetto di rilevare che per un comune lettore (e sappiamo quanti lettori ed estimatori lei abbia), risulta chiaro che chi uccide i figli che devono nascere non è il minore ma il maggiore dei mali.

A questo proposito, santo e stimato Padre, io vorrei ricordarle che le donne non amano affatto abortire. Che l'aborto viene affrontato con dolore e a volte diventa una vera e propria tragedia. E posso dirle che se le donne richiedono il diritto di aborto è essenzialmente per eliminarlo.

Quello che rivendicano non è la possibilità di assassinare una creatura che già respira nel loro ventre bensì il potere di decidere se avere o non avere un figlio.

Storicamente le donne non hanno mai goduto della libertà di decidere del proprio corpo, da sempre considerato destinato ad accogliere il seme maschile e mettere al mondo dei figli per la continuazione della specie. La sola alternativa all'aborto chiaramente è una maternità responsabile, ma è proprio questa responsabilità che non è stata permessa alle donne, considerate una proprietà passiva dell'uomo.

Le posso garantire che se il mondo fosse fatto a misura di donna l'aborto non esisterebbe affatto. Le donne infatti avrebbero trovato il modo di evitare lo strazio di un progetto di vita interrotto bruscamente, nonché una ferita al proprio corpo.

L'aborto, insisto, è il prodotto di una cultura misogina che ha volutamente impedito la consapevolezza della prevenzione. Purtroppo questa cultura esiste ancora e continua a riprodursi nonostante le grandi conquiste dell'emancipazione, pagate a volte molto caramente.

La richiesta della libertà d'aborto insomma non è una conquista in sé ma la giusta pretesa di una autonomia e di una libertà che il mondo femminile non ha mai conosciuto.

Un carissimo, rispettoso e affettuoso saluto da Dacia Maraini.

18 settembre 2024

APPENDICE
UN'INCHIESTA DI LIBERTÀ

Grida disperate dal manicomio*

«Gli istituti psichiatrici chiusi sono dei luoghi di tortura, delle sepolture...»

Giorgio Antonucci non ha niente del medico tradizionale, indaffarato, autoritario, privo di abbandoni che siamo abituati a conoscere. La sua faccia triste esprime una dolcezza morbida, acuta, quasi dolorosa. I suoi occhi sono pieni di una timida assorta attenzione.

«Ma la nuova legge, la riforma, ha cambiato qualcosa?» gli chiedo.

«Certo, ha cambiato in meglio... Ma i medici sono sempre gli stessi di prima e hanno un'idea punitiva e inquisitiva della psichiatria.»

«Quindi è un po' come per l'aborto: fatta la legge non si riesce ad applicarla per l'ostruzionismo di chi tiene il potere negli ospedali.»

«È così infatti... Nel mio caso quei sepolti vivi che dopo cinque anni di lavoro durissimo avevo riportato alla vita, rischiano di tornare in stato di prigionia.»

«Puoi raccontare cos'è successo?»

«L'ospedale in cui lavoro, l'Istituto psichiatrico di Imola, sta cambiando struttura in seguito alla riforma. E il lavoro che abbiamo fatto coi degenti rischia di saltare per aria per l'ostilità dei nuovi dirigenti.»

* «La Stampa», 26 luglio 1978.

«Ma prima chi ti appoggiava?»

«Io sono stato chiamato a Imola da Cotti (direttore dell'Istituto) che voleva cambiare le strutture tradizionali. Ma presto ci trovammo tutti contro, medici e personale.»

«Cosa facevi di così scandaloso?»

«Per prima cosa chiesi di lavorare nel reparto dei più pericolosi, i cosiddetti "irrecuperabili".»

«Irrecuperabili cioè non guaribili, è questo che vuol dire?»

«Per i medici tradizionali queste persone hanno un difetto nel cervello, quello che viene chiamato malattia mentale, un difetto che non gli permette di avere una vita sociale accettabile. Secondo la legge, che ora è stata abolita, erano segregati perché pericolosi a se stessi e agli altri, propensi a creare scandalo pubblico.»

«Malattia mentale quindi qualcosa di fisiologico, di interno?»

«Sì, più o meno un guasto al cervello, derivante da una debolezza congenita. Secondo me invece i degenti non hanno assolutamente niente di diverso dagli altri, solo che si sono trovati in situazioni sociali difficili, di svantaggio nei riguardi del potere.»

«Quindi per te la cosiddetta malattia mentale è esclusivamente un prodotto sociale.»

«È nel '68 che si è cominciato a discutere pubblicamente sull'esistenza o meno della malattia mentale. Io ho lavorato con Basaglia nel '69. Lui la malattia mentale la vede come una cosa dinamica che investe le persone meno resistenti. Per me la psichiatria è un'ideologia che nasconde i problemi reali delle persone ricoverate. Freud stesso diceva che occupandosi dei conflitti nevrotici aveva smesso di fare il medico e si era messo a fare il biografo.»

«E cosa pensi di quei conflitti arcaici che si pensa superino i problemi sociali e mettano radici nel profondo dell'inconscio?»

«Non si possono applicare le categorie di Freud ai braccianti calabresi perché Freud analizzava i borghesi dell'Ottocento.»

«Quindi non credi all'universalità del complesso di Edipo, per esempio?»

«No, decisamente... Il complesso di Edipo nasce in un certo tipo di famiglia, in una data situazione, in una data cultura.»

«E quali sono i tuoi metodi di lavoro a cui i medici sono così ostili?»

«Ti faccio un esempio: quando arrivai a Reggio Emilia incontrai una donna, Santina, di 40 anni, che lavorava nelle montagne reggiane, era moglie di un muratore, aveva tre figli, era stata ricoverata molte volte. Per i medici aveva qualcosa di guasto da curare. Le facevano gli elettroshock. Io andai a parlare con la famiglia, con lei, col marito. Venne fuori una storia drammatica; Santina era figlia di contadini, giovanissima aveva fatto la domestica a Genova subendo una serie di esperienze traumatiche. Poi era tornata al paese, si era sposata. Ma ogni volta che aspettava un figlio stava male e il marito l'accompagnava all'ospedale. Qui la riempivano di psicofarmaci e le applicavano gli elettrodi. Per la famiglia quel suo uscire ed entrare dall'ospedale era normale.»

«È guarita poi Santina?»

«Sì... Intanto ho eliminato gli psicofarmaci e l'elettroshock, poi ho parlato col marito, col sindaco del paese, coi vicini. Col marito ho avuto una discussione dura, una lite. Ma dopo le cose sono cambiate. Santina non è più stata ricoverata e quando è rimasta di nuovo incinta non è stata più male.»

«Quindi analisi della situazione reale in cui vive la persona che sta male più che del suo inconscio.»

«L'atteggiamento del medico è importantissimo. Non si può avere rapporti di fiducia con persone che non consideri uguali a te. I medici trattano i ricoverati come degli inferiori e loro rispondono con la violenza o l'apatia.»

«Mi dicevi che hai lavorato soprattutto in reparti di donne.»

«Le donne spesso sono dentro per ragioni di costume, per avere trasgredito la morale comune. A Imola ho liberato una donna che era stata internata perché ragazza madre. Da ventisei anni stava legata al letto. Le ho chiesto perché l'avevano chiusa. E lei mi ha detto: "Perché sono schizofrenica". Ho insistito chiedendole perché secondo lei era stata chiusa. E alla fine mi ha detto: "Perché mi piacciono gli uomini". Testuale. Dopo un anno di lavoro l'ho dimessa. Il problema spesso è di trovare qualcuno che le accolga. Lei per fortuna aveva un fratello che l'amava e l'ha accolta in casa.»

«Da un libro che è uscito nelle Edizioni delle donne infatti risulta che la maggior parte delle donne vengono internate per trasgressioni ai doveri sessuali o casalinghi, cioè per rifiuto del ruolo tradizionale.»

«Quando io entrai nel reparto delle irrecuperabili i medici mi ridevano dietro. C'erano donne legate da dieci, venti anni che non erano più capaci di parlare, di camminare, di mangiare. Io le slegai. Tutti si aspettavano la catastrofe. Fra l'altro c'era stato il precedente di un medico che aveva dato l'ordine di slegarle e poi se n'era andato. Le donne, abituate alla costrizione, con tutta l'angoscia che avevano dentro, appena slegate hanno cominciato a picchiarsi. E subito naturalmente le avevano rilegate.»

«E tu come hai fatto?»

«Io le ho slegate, ma non tutte insieme, due per volta e poi stando presente, parlando con loro, con le infermiere. Poi feci aprire le porte, levare le inferriate. Il reparto era chiuso come una fortezza. Infine fra lo scandalo dell'istituto, le feci uscire nel parco. Il lavoro più duro era, giorno per giorno, ridare loro la fiducia in sé, la capacità di essere indipendenti.»

«E ci sei riuscito?»

«Dopo tanti anni di letto, legate mani e piedi da cinture di pelle, la camicia di forza e qualche volta, come ho visto addosso a una contadina che aveva l'abitudine di sputare, una specie di museruola di plastica che le chiudeva la bocca, si facevano tutto addosso, non volevano vestirsi, non camminavano. Non riuscivano neanche a mangiare – molte avevano i denti davanti spezzati sia per gli elettroshock che per l'uso dello scalpello quando si rifiutavano di aprire la bocca –, avevano i muscoli atrofizzati. Era come fare rivivere dei morti.»

«E il personale come reagiva?»

«Le infermiere prima avevano paura: paura delle malate – abituate a essere legate come cani quando venivano slegate in effetti mordevano –, paura dei medici che le consideravano delle serve e anche le usavano come terreno di caccia. Da principio quindi hanno fatto difficoltà ma poi credo che sia stato un sollievo anche per loro.»

«E quanti reparti hai aperto con questo sistema?»

«Dopo il 14, il più difficile, ho aperto il 10 e poi il 17 maschile, anche quello considerato irrecuperabile. Nel frattempo è cambiato qualcosa, altri reparti provavano ad aprirsi, anche se a metà.»

«E ora?»

«Ora, con la riforma, Cotti non è più direttore dell'Istituto psichiatrico, le sezioni dipendono dal primario. E questo primario non crede assolutamente ai metodi che uso io. Lui è per i vecchi sistemi dell'elettroshock, della camicia di forza, degli psicofarmaci e i 147 degenti che ora stanno slegati rischiano di tornare in cattività.»

«Cosa si può fare per evitarlo?»

«Parlarne, fare sapere alla gente come stanno le cose. Quando io ho detto alla madre di quella donna che stava legata da vent'anni che sua figlia non avrebbe mai dovuto essere ricoverata, si è messa a piangere: "A me nessuno mi aveva mai detto una cosa simile!". La gente non sa, si affida ai medici e non immagina che la maggior parte dei casi sono dovuti a conflitti facilmente risolvibili. I medici, anziché guarirli, li puniscono, li legano, li rendono inoffensivi...»

«Fanno i poliziotti insomma anziché i guaritori.»

«Legare una donna per venti anni a un letto vuol dire ucciderla...»

«Quindi queste donne dimostrano una grande forza non facendosi distruggere del tutto...»

«Infatti... Se le avessi viste quando sono uscite nel parco la prima volta... Rovinate come sono, coi denti rotti, i muscoli atrofizzati, la lingua inarticolata... Erano felici ed esprimevano questa felicità con grande vitalità. Tornare a legarle sarebbe un crimine.»

Credo che non ci sia bisogno di commenti a questo dialogo con Antonucci. Io stessa l'anno scorso qui a Roma ho seguito un esperimento di un gruppo di ragazzi che hanno «liberato» degli handicappati. Costoro prima (chiusi e rimpinzati di pillole) non parlavano, non mangiavano da soli, e non potevano uscire. Dopo un anno di lavoro in comune giravano il quartiere da soli, andavano a lavorare, discutevano, partecipavano, decidevano come gestire i soldi eccetera. E non si tratta di beneficenza ma di una migliore convivenza di tutti. Rinchiudere e legare chi appare diverso è come chiudere e legare una parte di noi, forse la migliore, certamente la più carica di originalità e di sensibilità.

Un'orchestra esegue Mozart all'ex ospedale psichiatrico*

IMOLA – È un sabato freddo. La neve spalata ai bordi della strada si scioglie lentamente colando acqua nera. A Imola ci sono tre gradi sotto zero. Le gomme della macchina scivolano sopra uno strato di brina ghiacciata. Chiedo dell'ospedale della Scaletta. Mi indicano un alto muro dietro al quale si alzano dei blocchi gialli. Chiedo del padiglione 10. È laggiù, mi dicono. Imbocco un vialetto corto e largo fiancheggiato da grossi ippocastani e posteggio accanto a un autobus celeste. Una volta aperta la porta del reparto mi trovo in una sala lunga e stretta affollata di gente. In fondo, sotto un affresco di mari ondosi su cui navigano barche dalle vele rosse, ci sono i ragazzini dell'Aquila venuti qui per suonare. Fra l'orchestra e la porta tante sedie con tanti ricoverati, donne e uomini. La festa l'hanno organizzata loro, con l'aiuto del dottor Antonucci e degli infermieri.

Una donna vestita di giallo e di lilla mi abbraccia e mi bacia sulle due guance. Un'altra donna magra, senza denti, i capelli scarmigliati, gli occhi splendenti, un sorriso mesto, si siede accanto a me e mi spiega, con gesti e parole scombinate ma piene di entusiasmo, cosa ha sognato la notte scorsa. La musica di Mozart, con la sua armonia esplosiva dilata gli spazi, entra in

* «La Stampa», 29 dicembre 1978.

queste facce contratte segnate dalle torture trasformando la bruttezza in bellezza, si fa liquido delicato piacere.

I ragazzi dell'orchestra con le loro barbe, i loro blue jeans, i loro capelli lunghi suonano impetuosamente brandendo i corni, i violoncelli, gli oboi. Alcuni dei degenti si mettono a ballare. Altri ascoltano a bocca aperta, facendosi cullare dalla meraviglia di quelle note. Una donna mi invita a ballare. È bassa, robusta, ha i capelli neri ispidi che le circondano la faccia dai tratti marcati. Le mancano i denti davanti, come a tante altre; ha gli occhi brillanti, un'espressione di testarda ilarità che la rendono infantile nonostante i suoi anni.

Balliamo come due orsi, in un abbraccio goffo e pesante. Più tardi saprò che questa donna è stata legata per anni e che quando il reparto era chiuso non riusciva a parlare, a mangiare da sola, sputava addosso a chiunque le si avvicinasse, rifiutava i vestiti e le scarpe. Ora balla, parla, mangia, cammina come una persona qualsiasi.

Nessuno aveva pensato in tanti anni che proprio nel suo sputare stava il segno della sua integrità: anziché diventare un vegetale come volevano i medici, si accaniva a protestare, nel solo modo che le era ormai possibile, contro la prigionia. Sottoposta agli elettroshock (ne ha fatti più di 50), piena di psicofarmaci, legata mani e piedi col bavaglio sulla bocca, era oggettivamente una «idiota». Ora è tornata a essere una persona intelligente.

Passa una infermiera con un vassoio pieno di paste. Gli occhi dei ricoverati si fissano avidi su quei pasticcini. Come per tutti i reclusi il cibo è diventato sacro: nel cibo si cerca affetto, soddisfazione sessuale, magia. Il cibo, soprattutto i dolci, ricordano al recluso che il suo corpo esiste anche per provare dei piaceri, che la sua pancia non è solo un sacco in cui si cacciano le minestre e le medicine per mantenersi in vita, ma è anche un posto dove lasciare scivolare qualcosa di assolutamente inutile, forse anche dannoso, ma quanto capriccioso, tenero e amabile! Un ricoverato che stava per uscire torna indietro, posa religiosamente la giacca su una sedia e aspetta con pazienza che il vassoio arrivi da lui. Una donna si asciuga la bocca con cura meticolosa, posa il bicchiere di carta pieno di aranciata sotto la sedia, si sporge in avanti, pronta a ricevere la sua parte.

Piero Colacicchi, uno degli artisti che collaborano col dottor Antonucci, mi chiede se voglio fare un giro per gli altri padiglioni. Dico di sì. Usciamo nel freddo di un crepuscolo celeste e argento. Camminiamo in mezzo agli ippocastani, ai tigli, alle acacie profumate fra i fabbricati tutti uguali dell'ex ospedale psichiatrico. Molte finestre sono illuminate. Dietro le finestre si intravvedono delle facce bianche, attonite. Bussiamo a una porta. Ci viene ad aprire una infermiera con un grosso mazzo di chiavi alla vita. Nella sala ci sono una quarantina di donne chiuse dentro grembiuli grigi tutti uguali. Ci assale un tanfo di disinfettante, misto a cibo ordinario e sudore che dà il capogiro. Tre infermiere robuste, pratiche, piene di buon senso e di allegria ci mostrano il dormitorio con i letti perfettamente puliti, allineati uno accanto all'altro, il refettorio con le tavole coperte da tovaglie di plastica a quadri. Qui dormono, qui mangiano, qui si riposano. Tre grandi sale in cui convivono quarantacinque donne di tutte le età. I gabinetti sono quattro, i bagni due, i lavandini sei. La porta di ingresso è chiusa a chiave. Le finestre sono sbarrate.

La differenza coi reparti aperti si sente subito. Lì i ricoverati si sentono padroni di sé, qui sono proprietà di coloro che li controllano, li puniscono. Lì sono vestiti di tutti i colori con roba che hanno scelto loro; qui portano divise che mortificano i loro corpi e li rendono tutti uguali. Lì sono ascoltati come persone che hanno avuto delle difficoltà con l'ambiente in cui vivevano ma non per questo hanno perso la capacità di capire e sentire; qui sono trattati con la bonomia paternalistica di chi decide per loro, agisce per loro, pensa per loro.

Le infermiere non possono non fare ciò che i medici dicono loro di fare. La loro personalità viene fuori clandestinamente nei rapporti a tu per tu con le degenti, e sono rapporti fatti di crudeltà e di dolcezza come tutti i rapporti non liberi. Esse si fanno volentieri mamme, a volte tenerissime e cordiali, a volte violente e sadiche. Non possono, perché non gli è permesso e nessuno gliel'ha insegnato, avere un rapporto da pari a pari. In un altro padiglione chiuso di soli uomini noto che il movimento avviene tutto per linee orizzontali. Mentre le donne girano in cerchio gli uomini vanno su e giù tracciando delle parallele sul pavimento logoro. Un ragazzo mi mostra una scatola di cartone in cui tiene chiuso il suo segreto. Vuole che tocchi la scatola ma non devo aprirla. Ha le orecchie come due riccioli di carne. È sordo e muto. E guarda con due occhi dolorosi e lontani. Un altro si presenta, compito, saluta, si ravvia i capelli, dice alcune frasi cerimoniose, risaluta, si allontana. Hanno qualcosa di spettrale, di spento, che, ora capisco, è dovuto soprattutto agli psicofarmaci.

Dal padiglione maschile chiuso passiamo a quello aperto. L'atmosfera è subito diversa: confusione, vocio, disordine, colori. Ci viene incontro un uomo mezzo nudo che si muove a quattro zampe. Il peso del corpo gravita tutto sulle due grosse mani callose. Le spalle sono da lottatore; le gambe, atrofizzate, molli e rattrappite, se ne stanno ciondoloni senza forza. Quest'uomo è stato chiuso e legato da quando aveva 8 anni. Oggi ne ha 40 e solo da poco è libero di muoversi come vuole. Si guarda intorno torvo e risoluto; il candore gli illumina le guance. Nello sguardo c'è il ricordo truce di chi è stato costretto a farsi scimmia per sopravvivere.

Imola, festa al Padiglione n. 10*

IMOLA – Torniamo alla festa nel padiglione aperto delle donne. Ora molti dei ricoverati chiacchierano con quelli dell'orchestra facendo ressa attorno agli strumenti, toccandoli, provandoli. La maggior parte delle seggiole sono vuote. Il pavimento è cosparso di bicchieri di carta. C'è un'atmosfera di eccitazione languida di fine festa, un calore diffuso che appanna i vetri e lustra le guance dei ricoverati.

Prima di andare via, ormai è l'ora di cena, visitiamo il dormitorio dove alcune donne sono rimaste a letto perché malate. Ci accolgono con battute scherzose, allegramente, salvo una che soffre di acuti dolori alla pancia e mugola piano rannicchiata nel suo cantuccio. Le pareti sono coperte di stampe colorate, disegni, fiori, stelle. Una ragazza in vestaglia va e viene portando dei dolci.

Mentre i ragazzi del Gruppo da camera dell'Aquila rinfoderano i loro strumenti e i pittori che collaborano alle iniziative culturali (fra cui Luca Bramanti che ha dipinto molti degli affreschi qui) si preparano a tornare a casa, faccio qualche domanda ad Antonucci. Per prima cosa gli chiedo perché, visto il buon risultato che lui ha ottenuto, non si fa la stessa cosa negli altri padiglioni.

«Prima di tutto perché è molto faticoso,» risponde Antonucci con la sua voce quieta, dolce «mi ci sono voluti cinque anni

* «La Stampa», 30 dicembre 1978.

di lavoro durissimo per ridare fiducia a queste donne; cinque anni di conversazioni, di presenza anche notturna, di rapporto a tu per tu. Però non si tratta di una tecnica, ma di un diverso modo di concepire i rapporti umani.»

«In che consiste questo metodo nuovo per quanto riguarda i cosiddetti malati psichici?»

«Per me significa che i malati mentali non esistono e la psichiatria va completamente eliminata. I medici dovrebbero essere presenti solo per curare le malattie del corpo. Storicamente da noi la psichiatria è nata nel momento in cui la società si organizzava in modo sempre più rigido, e aveva bisogno di grandi spostamenti di mano d'opera. Durante queste deportazioni fatte in condizioni difficili, ostili, molte persone rimanevano disturbate, confuse, non producevano più bene e quindi c'era l'esigenza di metterle da parte. Rosa Luxemburg dice: "Con l'accumulazione del capitale e lo spostamento delle persone si allargano i ghetti del proletariato". Nel '600 in Francia quando si forma la monarchia assoluta (lo Stato), i manicomi venivano chiamati "luoghi di ospizio per persone povere che disturbano la comunità". La psichiatria è venuta dopo come copertura ideologica. Nel trattato di psichiatria di Bleuler che è l'inventore del termine schizofrenia è detto che schizofrenici sono coloro che soffrono di depressioni, che si immobilizzano o girano intorno ossessivamente per il cortile. Ma che altro potevano fare così reclusi? Infine Bleuler conclude, senza volere, comicamente: "Sono così strani che alle volte assomigliano a noi".»

«Insomma tu dici che la malattia mentale non esiste ma esistono dei conflitti sociali di fronte a cui alcune persone più fragili o più oppresse soccombono.»

«Sono i medici spesso che fanno il malato. Ti faccio un esempio che mi è capitato recentemente a Firenze. Un bambino mancino viene sgridato dalla maestra perché "diverso" dagli altri. Il maestro di musica fa notare che l'allievo non batte bene il tempo. Il bambino comincia a sentirsi inferiore agli altri, si rifiuta di andare a scuola. La madre ne parla con la maestra che le dice: "Suo figlio è anormale, lo faccia vedere da un medico" e la manda al Centro di igiene mentale. Lì uno psichiatra le dice che il figlio ha dei disturbi di "lateralità", che va curato. Per caso a questo punto vengono da me. Dico alla madre che il bambino è sanissimo e ha il diritto di scrivere con la mano che vuole. Così lei va dalla maestra e finalmente difende i diritti del bambino.»

«Era un bambino ricco o povero?»

«Il fatto è proprio questo: il bambino era di una famiglia che non conta e gli insegnanti avevano un atteggiamento di discriminazione sociale. Ti faccio un altro esempio: una donna sposata con un operaio, ha due bambini, fa la casalinga, non si intende bene col marito; comincia a soffrire di insonnia, di angosce, di paure. Sta male, dimagrisce, è nervosa. Il medico le consiglia di andare al Centro di igiene mentale. Lei si rifiuta di prendere gli psicofarmaci che le propongono; e allora la mandano all'ospedale civile dove gli psicofarmaci è costretta a prenderli per forza. Il trattamento sanitario è una violenza, non serve a niente.»

«Alla Scaletta si fanno ancora gli elettroshock?»

«Non più. Da quando Cotti è entrato come direttore sono stati eliminati l'elettroshock e altre forme più vistose di tortura.»

«E gli psicofarmaci e il letto di contenzione?»

«Gli psicofarmaci sono ancora usati largamente. In quanto al letto di contenzione, se il ricoverato non disturba viene lasciato a se stesso, ma se disturba lo si lega. Nei miei reparti (sono tre) ho abolito da tempo sia gli psicofarmaci sia la contenzione. Da me se due litigano, li si lascia litigare. Da dieci anni che lavoro non ho mai fatto un ricovero obbligato, per me il ricovero obbligato è una deportazione.»

«E la nuova legge in che modo ha cambiato le cose qui dentro?»

«Di fronte alla legge ora si verificano tre situazioni diverse: la prima riguarda quelli che già sono dentro le istituzioni psichiatriche, i lungodegenti; verso costoro la legge permette l'uso di vecchi metodi repressivi (quasi ovunque ancora si usano elettroshock, corsetti, detenzione e psicofarmaci); la seconda riguarda le persone al centro di conflitti nel territorio, per le quali la legge ammette l'uso di psicofarmaci per renderle innocue (vedi le ragazze che vengono rimpinzate di tranquillanti perché non escano la sera o perché non si droghino, o non pratichino il sesso); la terza riguarda le persone che non si riescono a controllare con gli psicofarmaci e per cui la legge prevede che vengano mandate all'ospedale civile dove saranno sottoposte al trattamento sanitario obbligatorio. In tutti i casi la linea del metodo psichiatrico è di tenere le persone sottomesse, sotto controllo.»

«Qual è secondo te l'alternativa?»

«L'alternativa sta nell'identificare i diritti individuali delle persone nella situazione sociale e storica in cui vivono e nell'ottenere il consenso e la partecipazione attiva della comunità attraverso i comitati di quartiere, i consigli di fabbrica, le scuole.»

«Insomma sei d'accordo con Pirella quando dice che "bisogna adottare iniziative precise per la formazione professionale dei ricoverati, occorre garantire loro il diritto di avere una casa"?»

«Certo sono d'accordo. Però mi sembra che il discorso di Pirella non è del tutto chiaro. Mi sembra di capire che lui comunque vuole mantenere un certo tipo di assistenza psichiatrica. Mentre io sono per abolirla del tutto.»

Indice

GRAFICA VENETA
GV CARBON NEUTRAL

Questo libro è stampato fabbricato da Grafica Veneta S.p.A.
con un processo di stampa e rilegatura certificato 100% carbon neutral
in accordo con PAS 2060 BSI

Finito di stampare nel mese di ottobre 2024
per conto di RCS MediaGroup S.p.A.
da Grafica Veneta S.p.A., Via Malcanton 2,
Trebaseleghe (PD)
Printed in Italy